死亡與永生101問答集

Responses to 101 Questions on Death and Eternal Life

Peter C. Phan◎著

崔國瑜◎譯

此書謹獻給我的父親

他在本書策劃及寫作的期間被召喚入永生

本書意在提醒

死亡與永生並非閒談的對象

而有待人每天親身實踐

中文版序

　　在亞洲人視為應該關心的問題之中，有關死亡與來生的問題經常是其中的核心，道教尋找長生不死藥以獲致不朽的生命，一般人也藉著崇敬祖先以求在另一個世界得以幸福生活。基督教信仰的核心是建基在耶穌的死亡、復活與未來的再臨上。在這樣信仰的根基上，面對人類生命的目的、死亡的意義、轉生（輪迴）的可能性，以及永恆福樂的盼望等議題時，基督教信仰能夠告訴今日的人們什麼呢？本書闡述了上述問題與其他相關問題的答案，並發展其涵義作為基督教讓世界更美好的承諾。

Dr. Peter C. Phan

原書序

　　有關於來生問題的興趣從未止息過，即便為活在所謂科學時代的人們亦然。諷刺的是，正是那些宣稱在實證事實背後無物存在的人，讓有關來生的議題依舊存在。來生就是那種若被否認或壓抑，就會以另一種偽裝在別處出現的東西。對於知識、權力、名聲、金錢與享樂無情且有時殘酷地追求 —— 以奧古斯丁的話來說，難道不是除了在上帝的懷中找著安歇之外，心靈就無法安息的症狀嗎？

　　最近，對於來生始終持續的興趣，受到瀕死經驗、新時代運動、核子滅亡的威脅，以及千年將盡的推波助瀾而再度掀起。儘管有過去默示論者的不斷失敗為先例，對世界末日即將鄰近的預測，兼為其時間表及事件始末予以詳細的描述，仍廣受歡迎。

　　我誠願這本小書能夠回答在死亡與永生方面常常被提出的問題。本書是由天主教神學傳統的觀點所寫成，但希望其他基督宗教支派和非基督宗教的人也能從中獲得助益。

　　我要感謝一九九四年夏天我在威斯康辛州聖諾伯特大學（St. Norbert College）神學院末世論一課班上的學生。他們其中

許多人在課程結束時寫下問題交給了我，我相信，他們將會在本書中發現那些問題的答案。我也要感謝該機構的主任愛伯特博士（Dr. Howard Ebert）、他的太太派蒂（Patty），以及他們精力充沛的兩個女兒愛麗森（Allison）和賈姬（Jackie），謝謝他們對我的諸多好意。更要感謝凱瑟琳・華許（Kathleen A. Walsh），她銳利的編輯之眼一向是無價的寶貴特質。最後，我要向聖諾伯特大學的諾伯特修會的神父們，致上最深摯的感謝，因為，他們以最慷慨的方式接待了我。他們的平安與喜樂，也教我略知了天堂的樣貌。

譯　序

　　自啓蒙時代以降，人們逐漸遠離宗教神聖氛圍爲他們預定的永生之路，集體意識形態再不能全面取代人們的想像，宗教似乎失去了自身的影響力，即便在死生大事的領域中亦然。但是，人類對死生之事的關切卻有增無減；若然，則當代的末世論是否能給人們的生命課題以周全而滿意的答覆？宗教信仰對死生之事的終極關懷在自由主義思想方熾的現代世界能否占有一席之地？尤其予人保守印象的天主教會，其神學能提供怎樣的末世論景觀，而不致悖離現實、枉顧時代的需求？

　　這無疑是值得讀者於閱讀過程中深思的問題。作者以深入淺出的問答方式，一邊是現所聆聽之當代心靈的疑問，一邊懇切而翔實地引介天主教神學觀點下的末世論。相信在閱畢本書之後，讀者對此問題必能有自己的判斷。

　　譯成本書的過程並不如原先想像的輕易，除了面臨個人生命的重要抉擇，也備嚐翻譯工作的艱辛。幸虧有聖方濟沙勿略會士杜敬一神父貢獻豐富的聖經背景知識，姊姊國容提供精熟的外語能力，好友嘉俊分享深厚的文哲學素養，他們同我一起推敲某些繁複的段落，才使翻譯工作得以順利進行；另外，蔡

維民先生在成書前校閱譯文，斟酌專有名詞中譯的適切性，在
此，我要一併感謝他們。

崔國瑜

於魯汶

導讀──建立一個地基

　　當「末世」來臨之時，我們將會如何？我記得曾經看過一個報導：話說美國加州的某條高速公路曾經發生過一次連環大車禍，肇因是該處某一家化學工廠的除氣槽突然破裂而廢氣洩出所致。但是據訪問肇事駕駛的結果卻不是因為他吸入廢氣才導致車禍，而是因為廢氣在空中受到車燈的照射，竟然顯現出耶穌（應該是一般畫冊中看到的那一位）的形象。他表示當時心中直喊著：「完了！基督降臨了！世界末日到了！我要下地獄了！」然後猛地一煞車，真的造成了高速公路上一幅地獄式的景象。

　　在台灣，一般基督宗教信徒聽到「末世論」時，先聯想到「地獄」的可能會比先想到「天堂」的多。理由很簡單，因為「末世」在台灣信徒的心中，所刻劃下來的印象大多是「死亡」、「審判」、「懲罰」等等。之所以會如此，一方面是因為台灣的基督徒仍然深受傳統漢文化的影響，對死亡採取否定、抗拒與逃避的態度；另一方面可能也因為台灣的牧師在主日講道時大都有意避開「末世」的話題，以免教友聽了之後心中不安，導致一般基督教徒都以「猜測」的方式或改造民間信仰的

地獄觀來建構自己所謂的「末世觀」。

　　因爲不明白而導致猜測，也可能因爲猜測而產生異端。身爲基督宗教學術研究者，我們的責任便是將較合乎聖經教訓並嚴謹的「末世論」系統介紹給社會大眾。范彼得教授的《死亡與永生101問答集》，正是一本對於意欲瞭解天主教傳統的末世論思想者而言相當深入淺出而又完備的入門書。

　　一

　　本書的作者范彼得（Peter C. Phan）教授是現任北美神學協會總會長。身爲越南人，他是第一位亞裔神學家獲此殊榮的。范教授是天主教耶穌會的神父，同時也是美國天主教大學宗教與宗教教育系的教授。他長於釋經學、宗教文化比較研究，與對於卡爾·拉納（Karl Rahner）的學說尤爲精通，曾以詮釋拉納末世思想的《時間中的永恆》（*Eternity in Time*）一書獲得一九八九年美國神學社會學院評爲最優良讀物。同時他也獲得許多的榮譽博士頭銜，可謂是享譽歐美的重要神學家。而《死亡與永生》一書是他在一九九四年於威斯康辛州聖諾伯特大學（St. Norbert College）神學院教授「末世論」後所整理出之重點，相當精要易讀。

　　二

　　本書共分七章，分別爲「永生：我如何得知？」、「聖經的末世論：聖經所述的末世景象」、「死亡與瀕死：成爲永恆的時間」、「從死亡到復活：居間之境」、「天堂與地獄：與上帝同在或與之相分離」、「死者的復活：歡樂的重聚」、「希望的滿

全：重返地上」等七部分。在第一部分，主要在說明末世論的重要性、本書的主要方法——尤其是詮釋學方法，以及「永恆」與「永生」概念的說明。在第二部分，作者整理了舊約與新約聖經中所出現的「末世論」，包括：西元前五世紀的「先知傳統」，以及西元三世紀以後的「啓示文學」，分析了它們的差異與特色；同時也將新約聖經中「共觀福音」、「約翰福音」、「保羅書信」與「啓示錄」中有關於末世思想的經節提出來分別加以說明與比較。在第三部分中，作者從聖經以及天主教的觀點教導人如何看待死亡與瀕死，在這部分作者相當程度地依循了卡爾·拉納的基督教人學觀點。他並且強調：瀕死可以說是透過人的存在而將人的自由推向最高峰的事件。第四部分就進入到一般末世論的重點——「居間之境」之中了。基本上，作者仍不違背天主教有關「煉獄」的教義，也解釋了所謂「古聖所」的意義。值得注意的是：他對於「個別審判」有異於天主教傳統的看法，而且此看法是相近於新教神學家——如田立克（Paul Tillich）與尼布爾（Reinhold Niebuhr）——的。他認爲所謂的個別審判應該要放在瀕臨死亡的脈絡下來瞭解。在瀕臨死亡時，人已面對面地來到上帝面前，人在上帝面前所做的任何決定，上帝都准允之，並以此種方式「審判」之。第五部分提到了「天堂」與「地獄」各是怎樣的光景，在這一部分，作者並無意要精確描繪所謂天堂與地獄的物理特徵，事實上，他更強調所謂天堂便是一種「共融合一」的狀態——與三位一體上帝合一、與天使合一、與天上聖徒合一，我們甚至可以面對面觀看上帝；相對地，地獄便是與上帝分離的狀態——當然，還

是有「不滅的火焰」不住地熔蝕。不過,作者也認同拉納與巴爾塔薩(瑞士天主教神學家)所強調的論點:和天堂比起來,地獄算是一種「可能性」存有,因為「上帝願意萬民得救,卻不願一人沈淪」。接下來作者開始提到了「復活」的論題,這其中的重點當然就是「肉體復活與靈魂不朽的爭議」、「肉體復活的意義」、「新軀體的特徵與性別」、「重聚的歡樂」等等。其中我個人覺得相當認同作者的,是他強調我們應該避免按照我們的意願和欲望來塑造天堂,而讓天堂成了一種「度假勝地」或「退休後的住所」。最後,在「希望的滿全」這一部分,作者處理了一般人最關心的「基督再臨」、「最後審判」、「千禧年」與「新天新地」等論題。

　　基本上,范彼得教授這本著述有四個特色:

（一）本書相當於范教授授課後的重點整理,而非一種專門的神學論著,所以無論是觀念論述、遣詞用句,抑或是編排次序,都不至於過分艱澀;再者,他採取一問一答的方式鋪陳思想,更能幫助讀者抓住其中要點。

（二）誠如作者在「原書序」中提到:本書是由天主教神學傳統的觀點所寫成,但希望其他基督宗教支派和非基督宗教的人也能從中獲得助益。所以我們可以發現其中的論點並不偏執而極端,相對地,還相當地開放與平衡。當然,有些論述是基督新教所不接受或少有討論的——如「煉獄」的教義、「天上聖徒」(或稱真福者)與人的互動等等。但至少藉由本書,一般新教徒可以大略明白在天主教神學界是如何詮釋這些教

義，並可作為一種神學「比較」的參考。

（三）由於作者長於釋經學，所以在各個論題上都能援引聖
經相關的經節，並加以分門別類。例如有關「天堂」
的論述，舊約中的先知傳統、啟示文學或智慧文學各
有何說法，新約中耶穌有何教訓——其中又將共觀福
音與約翰福音的記載分開來討論、保羅有何說法、啟
示錄的記載又如何，……這樣的整理對於一般人而言
是相當清楚，有很好的幫助。

（四）作者對於許多當代的神學、醫學與生死學都多所涉
獵，在書中相當適當地引用了各個領域中的學理來豐
富其內容，這也是對於神學與其他學門整合的合宜的
示範。

三

譯者崔國瑜小姐畢業於台灣大學心理學研究所，加以其天
主教信仰的背景，所以在相當程度上已忠實地譯出了原文，並
且其文句也相當通順。然由於顧慮到原文中有一些專門用語與
末世神學上的背景知識必須適合於一般讀者，所以在校訂時作
了如下修正：

（一）由於此書內容是專屬於基督宗教之論述，故原文中的
「天主」一律改譯為「上帝」、「保祿」改譯為「保
羅」、其他相關人名也改為我們常聽見的譯名。

（二）本書中所有聖經卷名的中譯版本，皆採用教界較常使
用的「香港聖經公會」譯名，而不採用天主教思高版

聖經譯名。

（三）關於某些較有爭議的詞句或概念的中譯（如「異象」
　　　與「切近」）等），基本上是以詞義通順為主要考量，
　　　但是我在中文之後都加上了原文比對（如「visions」
　　　與「appropriating」等）。

（四）由於時間匆促，故未能在一些核心概念下（如「歷史
　　　批判」、「道成肉身」等等）加譯註或說明，也未能
　　　整理出中英專有詞彙對照表，這些部分盼能在再版時
　　　加上去。

　　雖然有些缺憾，但是基本上相信已將此書的中譯儘量通順
化與普遍化，也許對於非基督徒而言尚有理解上的困難，但是
應不致艱深──尤其對於基督宗教信徒而言。

四

　　我堅信：任何的神學論述，都在建立一個地基──一個追
尋真理的地基。無論這個地基用的是本土的材料，抑或是舶來
材質，都必須適合「我」來居住，必須能夠抵擋「這個地方」
的風雨。神學的建立必定與實在的「人」有關，是生存在此世
間真實的人以其智力對於「神」的回應與說明，同時藉由這樣
的回應來詮釋並解決我們實際當下的存在問題。當然，神學真
正的意義一直在「普世化」與「實況化」之中尋求平衡；然
而，神學畢竟只是一個地基，它可以讓我們在作任何一個具體
行動或抉擇時有一個令人放心的理由，但是它不能令我們得救
──甚至，連宗教也不能讓我們得救！

　　因此，我們需要的是各種可能性的認知，John Maquarrie曾說神學有六個要素：經驗、啓示、聖經、傳統、文化與理性。因此，不管是巴特的神學、莫特曼的神學、尼布爾的神學、宋泉盛的神學，還是拉納的神學、巴爾塔薩的神學，甚或是南美洲的解放神學、非洲的黑人神學等等，都是我們建構屬於我們自己的神學的大好材料。同時，我們必須要避免依照既定意識形態來選擇神學內容的可能性，而必須在客觀地瞭解與比較所處理的諸神學論題之後，讓理性誠實而自由地選擇——當眞正發現眞理後，要有臣服眞理的勇氣。

　　廣義地說，每個人都在建構自己的神學——理性地闡述自己的信仰，並且依此闡述立身行道。因此，我們需要一個地基，告訴我們闡述的基本模式，以及作爲信仰闡釋基礎的基本思考方向。事實上，任何神學論述都是在更早的其他神學地基上建造起來的。因此，不論是天主教徒或改革宗教徒，或許對禮儀或某些基本教義有所堅持，但彼此都一定要對對方的神學心存敬意，甚至謙卑以待。唯有如此，理性的交流才得以實現，而藉由交流與攝受，神學才能更完全。

蔡維民

目　錄

第二章　聖經的末世論：聖經所述的末世景象　41

第七章　希望的滿全：重返地上　151

導論

從邊陲到中心：
爲我們的時代重新建構末世論

　　回顧西方基督宗教神學在過去三十年（這是由天主教神學的立場來看，因為梵諦岡第二次大公會議結束於一九六五年）的發展，將會看出被稱為末世論的神學分枝上，有一戲劇性的轉變。在梵二前研讀神學的天主教徒將會記得末世論（eschatology）（源於希臘文eschata，意即最終的事物），所謂最終的事物——死亡、審判、天堂和地獄——的神學，曾是他們在接受神學培育的最後階段時一般都會修習的課程。

　　個人的永恆命運乃末世論之中心主旨。其最主要的論題就是：人於死後將面臨何事？令人產生興趣的並非在於死亡或瀕死本身，而是死亡以後所發生的事。然而，因為個人死後所發生之事於先天上即無法藉由一般經驗及科學觀察的途徑來證實，因此過去盛行的末世論（我們現在稱之為「新士林哲學式的」[neo-scholastic]）對於死後生命這個主題所能談論的，幾乎無法激起任何想像。即便它真能引起興趣，其關切往往也是病態的，而淪為枝微末節的探討，更是常見的情形。對當下個人的生活及社會大眾可謂影響甚小。當時的末世論處理的是種種無關緊要的問題，例如，煉獄苦罰之刑期多長，若獲罪赦可免刑期多久；地獄之火，既是物質，又如何能焚燒屬神的靈魂；何種蟲子噬蝕著那些受詛咒的人，而他們如何能熬過地獄永火。

　　因此，基於如上的理由，瑞士新教神學家卡爾·巴特（Karl Barth）稱末世論是為了為神學作結論而存在的「無害簡論」（harmless tract），德國天主教神學家梅茲（Johann Baptist Metz）則將之描述為用以打發時間並緩和聖經啟示錄的溫和論調。但

這並不意味末世論無法在過去或現在作為一種有力的武器，用以恐嚇心無定向的基督徒使重回既直且窄的得救之路——最佳的例證，莫過靈修及主日禮拜時，對於不肯悔改的罪人，反覆訴說公義之神的復仇與憤怒的那種講道。

然而，自從梵諦岡第二次大公會議（1962-1965）以後，末世論便已在思想和實踐上發生徹底的轉變。相較於任何其他神學的分枝，末世論可說在內容及方法論上皆經歷了典範式的改變。簡言之，末世論已從神學的邊陲移到了中心。就如哥白尼革命將地球從天動說的中心位置驅逐，而為太陽恢復其應有的地位一般，當代末世論也在重新恢復其當之無愧的地位時，重塑了基督宗教神學的各個學科。沒有一門學科不受此一轉向所影響：無論是關於神的教義、基督宗教倫理學，還是有關創造、恩典、教會及禮儀聖事的教義，均在此列。

從邊陲到中心：文化的挑戰

正如所有其他的思潮，當代末世論並非平白無故在神學的論壇裡復活。有許多因素促成了此一神學議題的復甦。但這些因素並非全是神學性的，它們也不都是起自於教會內部。的確，末世論既作為探究理解的信仰，或者換句話說，作為尋求批判性理解及歷史性實踐的希望，其為達到自我更新的目的所接受的刺激除了來自文化的動向，亦源於聖經與基督宗教傳統的貢獻。

在諸種文化動向中，必然包括的影響因素有：歷史意識的興起、馬克思的宗教批判、對人之整體性認識的逐漸增長、生

態運動，以及存在的不安感之日漸加深。以下將一一簡介，並
說明它們如何挑戰傳統的末世論。

（一）十八世紀啟蒙運動以降，西方世界出現一種醞釀已久
的嶄新思維方式；這股發展的潮流一般被認爲是歷史意識的興
起。就如梵諦岡第二次大公會議所認可的，人之天性與其以靜
態的概念描述，不如用動態而進化的方式來說明。❶古典中世
紀哲學對於永恆、不變而普遍的本質多所論述；當代思維則在
實證科學的助陣之下，視所有存有者皆被搜羅在歷史進化的網
中。人的本質並非既成且固定的，對此，當代思維尤有清晰的
認知。借用德國哲學家馬丁·海德格（Martin Heidegger）的語
彙來說，人的本質可謂是「此在」（dasein），「在世存有」
（being-in-the-world），被拋擲於時間及歷史中而爲存有者，其充
滿可能性與機運，並有待以自由實現之。

此一在本體論上將人視爲時間性存有者的見解，對傳統末
世論所關切的個人永恆命運提出質疑，並促使我們去檢視基督
信仰中的永生涵義。又，若時間性如海德格主張，意味「朝向
死亡」，那麼，個人生命終結的發生就不該只能是單純的生物性
事件，抑或個人不得不進入永生門檻的須臾過程。死亡，或更
精確地說瀕死，可以說是透過人的存在而將人的自由推向最高
峰的事件。

（二）與歷史意識同時興起的是由費爾巴哈開啓的宗教批
判，馬克思並將此批判的結論推至極端。對費爾巴哈來說，神
學不過是投射於無限面向的人類學。神是人性的極致。宗教將
屬於人性的特質賦予神，因而使人疏離了自身。爲了反對這個

自我疏離的過程，費爾巴哈建議我們當急要務是把注意力放在
人性身上，而非神、宗教及來世的生命。

　　對費爾巴哈而言，意識是描繪人性的首要特徵，但對馬克
思來說，人僅是物質及經濟性的，是物質進化過程中的產物；
至於精神層面，則是此一過程的副產品。宗教—既涉及精神層
面與來世——對馬克思而言，不啻為一種安慰劑，讓我們在經
濟自由的奮鬥途路上分心，尤其對那些受壓迫的階級更是如
此。因此，宗教是人民的鴉片。

　　面對如此的批判，教會被迫去重新檢視自身的末世論教
義，特別是關於社會烏托邦與天國，以及社─政經濟活動與教
會崇拜祈禱活動之間的關係。以下種種問題最常被提出：什麼
是天堂？它與現世有何關係？正義、和平與經濟發展是天國的
一部分嗎？教會在促進人類福祉的課題上擔任何種角色？人類
的諸種成就能長存久續嗎？如果能，情況又是如何？

　　（三）另一挑戰傳統末世論的非神學因素，乃是基於當代哲
學的見解，其指出人在本體論上即為一整體。任何將人看做是
身體與靈魂統合體的二元論，已不再被採納。在這種對人的嶄
新見解之下，那個從未自二元論中獨立的傳統末世論，便不得
不重新思考某些向來被視為理所當然的教義。例如，我們是否
還能說，靈魂是在死亡時脫離身體，且不受死亡影響？在死亡
之後，靈魂是否獨立於身體而存在於死亡和末日之間的「居間
之境」，並等待死人復活時與其身體相結合？復活是否意指得回
我們的軀體？

　　（四）生態危機不僅招來科學社群的注意，更引起教會的關

切。❷臭氧層耗盡、森林濫墾、物種滅絕、有毒物質及核能廢料、水與空氣的污染、全球警訊，以及其他各種環境的破壞，這些已不只是科學的問題，同時也是倫理學及末世論所關注之所在。

生態危機所招致的問題與末世論相關的，即是宇宙之終結：屆時宇宙將會如何？太陽、月亮、星辰及數以億計的銀河系會粉碎嗎？它們將在宇宙大火中被摧毀殆盡嗎？什麼是啟示錄所言之新天新地？它們是滅絕之後的新創造物，抑或原來的宇宙經轉變後之樣貌？

（五）近數十年來，在美國普遍瀰漫著一股存在性的抑鬱，一股對於生命意義的焦慮不安。無論是肇因於過度消費主義所導致的饜足感，或是對於雅痞式生活的反動，抑或害怕AIDS流行及生態災難可能引致的滅絕，還是由於政經秩序動盪所造成的不安，以及新的千年將至而引起的焦慮，這股普遍瀰漫的情緒，已重新喚醒大眾對於死亡及死後生命的興趣。近來民調顯示，美國人民對於天使、輪迴、秘教與死後生命的信念，皆有逐漸增強的趨勢。在這般的時代精神之下，關於傳統末世論及被現代性斥為迷信的論題，都再度被嚴肅地看待。

新士林哲學的末世論：在神學的邊緣

為因應這些文化的挑戰，神學家們重訪了新士林哲學關於末世的教義，但卻抱憾而歸。這種為傳統修院神學所教授且為老一輩天主教徒所熟稔的末世論，僅關注於死亡、審判、煉獄、天堂、地獄及復活等與個人命運相關的主題。所謂「集體

末世論」，如基督再度來臨和最後審判，無疑也是討論的核心。
然而，一般說來，新士林哲學的末世論乃著重於個人死後的命
運，因此，其特別富有個人色彩以及超脫俗世的性格。這種種
最終事物被視為是每個靈魂在來世都要遭遇的事物及事件，而
在此一觀點下的末世論，即恰切地為法國神學家意夫·康加
（Yves Congar）描述為「來生的學問」。❸

　　就方法論來說，新士林哲學的末世論所採取的途徑，通常
是以聖經作為思想的證明。聖經文本不被用作為產生神學洞察
之「泉源」，反而成了妝點思想的飾品，以及驗證理論的根據。
更有甚者，新士林哲學的末世論不但未將聖經與傳統看作啟示
個人及社會之終局的泉源，還把文本當作是對來世實質性的描
述。因此，神學家對於煉獄及地獄之火的性質、受煉獄之苦最
長的時間可能為何、未做惡之非基督徒死後的歸宿、地獄之苦
的種類，以及復活身體的特性等問題，皆極盡心思費力爭論。
各種歷史批判性的詮釋學，並未將其長處予以新士林哲學之聖
經研究取向。

　　除了將目光窄化成關切個人的永恆命運，新士林哲學的末
世論亦陷入極端二分法的困境：身體與靈魂，自我和宇宙，靈
魂不朽與死者復活，現世與來世，以及時間與永恆，皆成為對
立的二元。結果，僵化的二元論充溢於新士林哲學的末世論，
並時常帶有貶抑肉體以及屬世之物的傾向。

　　更重要的是，因為末世論被擺置於教義或系統神學之末，
而未光照基督信仰的其他面向，是以對於這些面向的神學反
省，便使得自身所蘊涵的末世論張力曖昧不明。舉例來說，因

著末世論的式微，許多教義便未加辨明，比如：教會乃是上帝子民在朝向最終事物之途中所組成的信仰團體；恩典既是期盼，亦是預嚐與三位一體永恆上帝重聚的滋味；所有禮儀，特別是聖餐禮儀，都是宣告來世將臨的記號；同時，凡人皆朝向死亡走去。

反過來說，末世論也苦於這種無法由其他神學領域獲得洞察的分裂情況。再舉幾個實例來說，由於新士林哲學的末世論認為，看見諸聖人獲享榮福於天的神視，即是對神性本質的直覺，但如此一來，它究竟是不是以基督之人性為媒介的事件，便模糊難辨了。再者，神視若如教宗本篤七世所教導的那樣，是「清晰、明白而直接地」面對面看見上帝，那麼，它如何跟「神是不可理解之奧秘」此端教義相調和，亦有待澄清。此外，所謂永福——恩寵之滿全——主要是與聖人們共融，而非消融於神性本質當中，也未給予清晰的解釋。有待澄清的還有，在死者復活及末日時，聖神所扮演的角色。而對於來生的信仰，以及對於和平、正義的倫理承諾兩者之間的關係，亦未加以闡明，好使得宗教是人民的鴉片這項指控可被峻拒。

重返中心的末世論：當代之動向

末世論由神學的邊陲重返中心，並不僅藉由上述種種時代跡象之助，教會內部的事件及神學家們的努力，亦為助力之一。在教會內部的事件當中，梵諦岡第二次大公會議，代表了天主教末世論發展的歷史分水嶺。梵二不僅重新肯認旅途教會之形象（例如：教會憲章第七章）；同時，於「論教會在現代

世界牧職憲章」一文當中，梵二也重新恢復了天堂在現世的位置。❹如此一來，梵二為個人與集體末世論間之鴻溝搭起了橋樑，並將現下與未來、信仰與世俗生活做了聯繫。

當然，梵二並不是憑空而來的，許多運動及人物（其中有些是長久以來不被天主教教廷信任而後來才被認可的神學家）為此會議作準備。在神學運動當中，不能不提的是所謂「新神學」（與之相關的神學家有丹尼埃魯[Jean Daniélou]、呂巴克[de Lubac] —— 後來此二人皆被拔擢為主教，以及布希亞[Henri Bouillard]）。此一運動試圖以重返基督信仰之泉源，如中世紀思想家，來超越新士林神學的缺陷。其主張末世論應捨棄個人性與他世性的架構，而恢復其基督性、教會性及宇宙性的向度。

二十世紀基督信仰末世論的復甦，可歸功於對耶穌所教誨之天國的重新發現。歷史有一諷刺性的進展：十九世紀解放神學「尋求歷史上的耶穌」之主張固然失敗了，但卻給予當代神學最重要的洞見。這洞見指出：啟示錄及末世論乃立於耶穌教誨的核心，同時也是早期基督宗教宣講的重心。繼之而起的是一場激辯：究竟耶穌所宣講的上帝的國是在未來，還是在現下，抑或既在未來又在現下（應運而生的分別是：「不折不扣的」末世論、「已實現的」末世論、「在期待當中的」末世論）。❺卡斯曼（Ernst Käsemann）的名句：「對啟示錄的研究乃基督信仰神學之母」❻，雖然明顯地誇張了些，但亦未太過錯失重點。

這個基督信仰末世論的轉向，特別在新教神學家莫爾特曼（Jürgen Moltmann）與天主教神學家梅茲手上發揚光大。❼當然

不能不提的是另外兩位深刻影響當代末世論的神學泰斗，卡爾‧拉納（Karl Rahner）以及巴爾塔薩（Hans Urs von Balthasar），前者強調了人類學的面向，後者則側重於基督性的面向（兩者並非悖論）。❽在東正教神學家中對末世論重建最力者，則非耶夫杜奇莫夫（Paul Evdokimov, 1900-68）莫屬。❾

末世論可說為當代最富創造性的神學──解放神學──提供了主要的靈感和動機。解放神學並不僅是拉丁美洲的現象，它已影響了非洲及亞洲的神學走向，並激勵了黑人神學與女性神學的發展。❿

近年來，天主教教廷亦將心力投注於末世論。極富重要性的有兩份文獻：一為一九七九年由信理委員會提出的「死後生命的實在性」，另一為一九九二年國際神學委員會所提出之「末世論中的問題」。⓫這些文獻，特別是後者，皆對當代末世論的神學理論提出批評。它們檢視了死後即刻復活的理論，而否認有所謂的居間之境；同時，它們亦重申了關於個人與歷史之永恆命運的信仰真理。

永生：問與答

在本書中，循著問與答的方式，我將提出關於來生最常被提出的問題（至少它們是我在許多有關來生的討論當中所聞知），並儘可能以不帶神學術語的方式來回答，然而，還是無法完全避免某些基督信仰傳統的技術性語言，這個狀況在第一章裡頭尤是。

謹慎的讀者在我的回答當中，將不難分辨出哪些是屬於信

仰的眞理，哪些又是神學思辨的範疇。舉例來說，在有關輪
迴、居間之境、復活身體之本性、千禧年，以及新天新地等諸
種問題的陳述上，皆可見一斑。這種分辨在末世論上是十分重
要的，因爲，在此一領域的諸種論題當中，教會的教導往往只
關切了信仰的道理，而未重視神學的思辨。

在此，先簡述一下隱含在本書的方法及內容背後的基本信
念，也許會是有益的。首先，在末世論上最棘手的問題之一，
即入手聖經的方式（詮釋學）。任何對基本教義派—無論其屬於
天主教或新教之列——略有認識的人皆知，除非先決定好如何
詮釋啓示錄性質的文獻，否則，對於地獄是否有火和蟲、基督
在末日時是否會自天降來（再度來臨），以及基督是否會在天使
的號角聲中與祂忠實的跟隨者在天上會晤（「極至喜樂」
[rapture]），並統治祂的神國達千年（「千年王國」[millennium]）
等等說法，基本教義派是會堅持字面上的意義，而沒有任何妥
協的餘地。這並不是說，對於基督再度來臨、神魂超拔與千年
至福等詮釋將有最終的定論，但至少我們不會再浪費時間去追
問基督復臨的確切日期（許多自稱爲先知的人皆曾預告過，而
這不斷重複的錯誤竟未阻卻他們！），或天使所用的號角爲何，
甚至地獄的蟲子究竟屬於哪種生物這類的問題（是的，的確有
提出這些問題的神學家！）。

基於詮釋學在末世論當中的重要性，故我專以第一章的篇
幅來討論這個主題，而我也要先爲該章（問題5-8）中一些過長
的回答致歉。誠願這些回答當中的困難性，能在該方法用來回
答地獄的本質及復活的方式等問題時，獲得澄清。

　　關於本書的內容，我深信兼顧個人與集體的末世論是必要的。可以理解的是，由於過去在個人末世論上有太過氾濫的傾向，因此許多當代的神學家（如漢斯‧昆[Hans Küng]及儒德[Rosemary Radford Ruether]）皆不願對個人的命運下定論，而選擇將焦點全部擺置於社會末世論上。儘管如此，還是有必要呈現基督信仰對於個人死後發生之事的說法，而不僅只是拿事實性的描述來作回答。因此，針對死亡時發生之事、在死亡時或死亡後是否有一淨化靈魂的過程（煉獄）、是否有個人的審判、天堂和地獄，以及是否有死者復活等等問題，將聖經、傳統及當代神學對此的看法做一呈現，是既可能且必要的。

　　更重要的是，為避免末世論變得支離破碎，故需將各種不同的末世性實在奠立於基督論；換言之，末世論必須徹底地「基督論化」。任何對末世論的知識，我們都是藉由耶穌的死亡和復活得知。復活的基督既是我們關懷來生的緣由，也是我們來生的典範。末世論是未來式的基督論。基督的重要性不僅在死者的復活上顯示出來，同時也彰顯在榮福直觀（beatific vision）此一論題，以及人類歷史和宇宙的最終圓滿上。

　　除此之外，今日在論及末日時，幾乎不可能不參考科學對於進化及宇宙終結的討論。在科學社群中，已有許多關於宇宙起源的討論。一種對於宇宙形成的新觀點：「宇宙創造故事」，已逐漸形成。這個說法強調，包括人類在內，所有事物之唯一而共同的起源，即是百萬分之一克的物質，甚至數以億計廣闊無垠的銀河系──每一銀河系皆有成億的星球和行星──都是從中衍生出來的。一反古典和機械性的理論，這個嶄新的觀點

強調了一切存有物──無論是有機物或無機物──其間之相互依存關係。另一種對於宇宙終始的推測是：宇宙起源於「大爆炸」，接下來，不是繼續運轉，就是減慢下來，直至靜止而成收縮狀態，最後以另一次所謂「大碎裂」的爆炸終結；要不然，宇宙可能只是逐漸耗盡，而沒有收縮現象，直到宇宙發展的最後階段，太陽把一切物質都焚為「灰燼」。

　　除了認清科學語言和信仰語言之間的極端相異性，另一方面也有必要為神學人類學及末世論在上述宇宙創生說當中，辨明和發展一重要的引申涵義。這個嶄新的人類學重視人類在宇宙中的地位。其拒絕將宇宙視為可被剝削來滿足人類需求的機械論觀點。此一對宇宙的嶄新科學性視見，在說明末世情形之同時，亦要求基督信仰的末世論對人類及宇宙命運其間的關係做解釋。將人類的居住環境當作是人類由歷史步向永恆旅途中的暫時居所、甚或半途投宿之所在─此一超脫此世的看法當被斷然拒絕。相反地，宇宙和環境就是我們的家，是我們永久的居所，它庇護我們，與我們同舟一命，更是我們必須寄予深切關心的對象。❷

　　最後，我要說的是，在本書中我已試著去呈現下述諸項裡頭兩端之間的關係：對來生的信仰與對此世的投入、對天堂永福的希望與為和平及正義所投注的努力、對新天新地的信仰與為生態環境的責任、沈思默想神與對神的兒女──特別是基督的最小弟兄姊妹──的愛。如果在以下三樣課題──人類自由與歷史命運，教會與世界，靈修與對和平、正義及為生態環境負責的承諾──之上，我們能好好地發展其相互之間蘊涵的深

意，並且，更重要的是，如果我們能在生活中實踐其間的關聯性，那麼，馬克思所指摘「宗教是人民的鴉片」這般之控訴，就只能是莫須有的罪名。

註　釋

❶ *Gaudium et Spes,* no. 5.

❷ See Peter C. Phan, "Pope John Paul II and the Ecological Crisis," *Irish Theological Quarterly* 60, no. 1 (1994): 59–69.

❸ "Bulletin de Théologie Dogmatique," *Revue des Sciences Philosophiques et Théologiques* 33 (1949): 463.

❹ On Vatican II's eschatology, see Carl Peter, "The Last Things and *Lumen Gentium,*" *Chicago Studies* 24 (1985): 225–37.

❺ For a presentation of nine models of eschatology, see Peter C. Phan, *Eternity in Time: A Study of Karl Rahner's Eschatology* (Selinsgrove: Susquehanna University Press, 1988), 26–31.

❻ *Exegetische Versuche und Besinnungen,* (Göttingen: Vandenhoeck & Ruprecht, 1960), 2:100.

❼ For Jürgen Moltmann, see *Theology of Hope,* trans. James W. Leitch (New York: Harper and Row, 1967); for J. B. Metz, see *Theology of the World,* trans. William Glenn-Doepel (New York: Herder and Herder, 1967).

❽ For a study of Rahner's eschatology, see Phan, *Eternity in Time* (Selinsgrove: Susquehanna University Press, 1988); for a study of von Balthasar's, see John R. Sachs, "Current Eschatology: Universal Salvation and the Problem of Hell," *Theological Studies* 52 (1991): 227–54.

❾ See Peter C. Phan, *Culture and Eschatology: The Iconographical Vision of Paul Evdokimov* (New York: Peter Lang, 1987).

❿ The classic of liberation theology is Gustavo Gutiérrez, *A Theology of Liberation,* trans. Caridad Inda and John Eagleson (Maryknoll, N.Y.: Orbis, 1988). For a discussion of Asian liberation theology, see Peter C. Phan, "Experience and Theology: An Asian Liberation Perspective," *Zeitschrift für Missionswissenschaft und Religionswissenschaft* 77 (1993): 97–121.

⓫ For English translations of these two documents, see the bibliography. For a critical evaluation of the second document, see Peter C. Phan, "Contemporary Context and Issues in Eschatology," *Theological*

Studies 55 (1994): 507–36.

⓬ See Peter C. Phan, "Eschatology and Ecology: The Environment in the End-Time," *Dialogue and Alliance* 9, no. 2 (1995): 99–115.

第一章

永生：我如何得知？

Q1 由媒體如出版品及電視等新聞範疇來看，美國在過去幾十年來，對於死後生命或永生似乎有一股升高的興趣。你能不能解釋這個文化現象？

儘管，或者很諷刺地，正因為著迷於年輕、光亮肌肉和健美身材，一份對於年老、疾病與死亡的迷惑，亦潛藏在美國文化裡頭。即使有愈益進步的「返老還童」面霜，然而，死神之手依舊鐫刻出無可抹滅的皺紋。誠如你所言，在過去二十年來，這股對死亡恐懼和否認的風氣不經意地使來生成了美國文化之恆久景觀，但另一方面，幾項因素亦促使永生或死後生命成為當代美國人流行的話題。

雖無法盡舉所有的因素，但至少有六項特別值得一提。首先，七○年代開始了一股關注瀕死過程的風潮。這是受依莉莎白‧庫柏樂─羅斯（Elisabeth Kübler-Ross）的作品《死亡與瀕死》，以及雷蒙‧慕迪（Raymond Moody）之《死後的生命》等書所激發；前者描述了瀕死的五大階段（否認、憤怒、討價還價、沮喪及接受），後者則詳述了那些臨床上被判為死亡但後來卻復生者的經驗（瀕死經驗）。其次，受「新時代運動」健將如雪莉‧麥克蓮（Shirley MacLaine）（《孤立無援》一書之作者）等影響，大眾開始對來生與輪迴有相當程度的醉心。第三項因素是「有意識的選擇死亡」或「有尊嚴的死亡」等安樂死運動，以及「死亡醫生」傑克‧克沃克安（Jack Kevorkian）──

其為那些意欲計畫並執行「最後出路」的人施予安樂死。第四，近來如愛滋病等各樣流行病，將死亡帶入公眾的注目焦點。第五，就更大的範圍來說，核彈毀滅的威脅與生態危機，在在提高了人類歷史和宇宙終結的可能性。最後，千年即將結束之際，使迫近大災難的感受益發強烈，並喚醒我們重溫過去對於世界末日之預測的諸種想像。總而言之，這種種因素使得死後生命及歷史的終極意義又再度被重視起來。

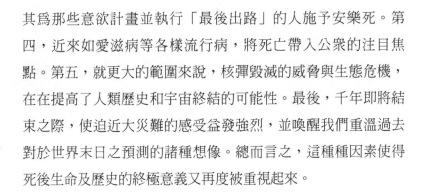

Q2 針對這些議題的迫切性，基督信仰有任何表示嗎？

　　所有宗教皆試圖解答有關來生的種種問題，以幫助其信徒獲致終極的幸福——此即各宗教所謂之天堂、樂園、永生或涅槃。基督信仰也不例外。其中心教義主張：創始者耶穌基督，由死裡復活，並將再度來臨以審判生者死者；並且，會有死人的復活及永恆的生命。

　　基督信仰論及上述真理之系統而批判性的反省，稱為「末世論」——亦即，對於最終事物（eschaton）或最終諸事（eschata）的論述（logos）。永生的信念對於基督信仰是如此核心（一如末世論之於神學的關係），以至於卡爾·巴特（Karl Barth, 1886-1968）這位極富影響力的新教神學家在一篇紀念性的文字當中，曾將兩者的關係定義為：「非末世論性質的基督信仰，即與基督無份」（羅馬書，314）。

Q3

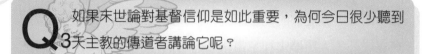

如果末世論對基督信仰是如此重要，為何今日很少聽到天主教的傳道者講論它呢？

在梵二前的神學通常是新士林哲學式的，末世論既作為在修院中講授的神學科目之一，便有相當標準的結構。所謂De Novissimis，亦即「論最終事物」，其處理的主題不外乎個人的永恆命運。它特別論及個人如何遭逢四樣最終事物──死亡、審判、天堂和地獄。此一主題往往被放在神學課程的尾聲，就像是附錄一樣。因此，末世論與基督信仰之間的關係，便很少被發展。

再者，末世論也經常流於對來生的奇思異想，而與基督徒的生活毫無關聯。神學家們絞盡腦汁爭論煉獄之火的性質、煉獄苦罰之刑期可能有多長、未做惡之非基督徒死後的歸宿、地獄之苦的種類、復活身體的特性，以及天堂與地獄的位置等問題。基督信仰的末世論由而獲致了個人性與他世性的色彩。法國道明會神學家及主教意夫‧康加（Yves Congar, 1904-95），稱這種取向的末世論為「著重物質形式的」，也就是說，其將最終實在視為事物，而非影響個人與社會的過程。

當然，這種取向的末世論，並未阻卻傳道者在論及地獄的講道時運用末世論教義，來威嚇心無定向的基督徒重返朝向天堂那既直又窄的路上。這種對於末世論的誤用與濫用，再加上末世論本身過分個人性與他世性的色彩，在在導致了許多傳道

者對你問題中所提及的來世緘默不語。

　　還有一些其他的理由使今日的傳道者及宗教導師不願提及來生，至少不願以傳統的方式來談論。其一乃是我們意識到，聖經及傳統關於來生的斷言並不能依照許多基本教義派信徒所慣用之按字面理解的方式來瞭解，而如此一來，便使我們在談論天堂和地獄時困難許多。再者，由於明瞭耶穌來世上宣揚的福音是爲救贖罪人，而非爲詛咒罪人，因此許多傳道者皆避免提及地獄。

Q4 這是否意味著末世論之式微在當代基督信仰之諸種論述中，乃不可避免、甚至也許是大受歡迎的事？

　　一點也不。這倒是說，爲使我們關於來生的教義能爲當代人瞭解和信任，我們必須克服傳統末世論過分個人性與他世性的色彩。研究基督教義的史學家們有一共識，亦即在第一個千年當中，對於來生的反省主要乃集中於救贖的集體向度。在強調已爲耶穌的生命、死亡與復活所帶來的救贖恩典之餘，基督徒的信仰和希望亦將信徒的目光導向基督再次來臨（parousia）之上：屆時，死者復活、最後審判被宣告，整個創造的秩序歷經轉化，基督把祂的王國交給天父，使上帝成爲「萬物之中的萬有」（林前十五：28）。

　　在基督升天到祂光榮復臨的這段時間之內，教會乃是在旅途中的朝聖者團體，他們生活在希望之中，回應上帝賜予每個

人的恩典，並隨從聖神的引導，使上帝的國能臨現於地。換言之，末世論乃以基督（基督論的）、教會（教會論的）及宇宙（宇宙論的）三個向度為中心。這些向度都是我們在重建末世論時必得要提出的。

再者，我們必須更清晰地解釋末世論與神學其他科目（如神的教義、聖事[sacraments]神學、基督徒生活等）間的密切關係。比方說，我們需要詢問聖神在一切事物獲得終極圓滿的上帝的國內所扮演的角色；我們也必須辨明聖餐禮儀（聖體聖事）（Eucharist）如何能是希望的禮儀，一如梵二禮儀憲章所言，藉著聖餐禮儀（聖體聖事），「上帝所預許的來生的光榮，已經賞賜給我們了」（禮儀憲章，第47號），同時，藉此，我們宣告基督的死亡與復活，「直到祂再度來臨」；此外，我們還必須顯示上帝所恩賜我們的基督徒生命，既是對永生的期盼，又是預嚐永生的滋味。如此一來，末世論就不會是神學當中無關緊要的附錄，反倒是賦予其他基督信仰的真理以滿全意義的核心。

除了末世論關於人類實存之個人與人際向度以外，我們也必須強調它的社政經濟面向。人類天生即是社會的動物，因此關於基督徒希望與今世烏托邦之間的關係，以及自罪中被救贖與從經濟政治壓迫中被解放、禮儀祈禱與社會活動、教會與世界、歷史與上帝的國、我們的生活環境與成全的宇宙等等其間的關係，皆需被逐一提問。如果在以上種種兩端之間的內在關係能被顯示出來，那麼，對來生的信仰，也就不會被看成是人們撫慰存在焦慮或逃避歷史責任的鴉片了；相反地，一如梵二在「論教會在現代世界牧職憲章」所言：「但期待新天地的希

望，不僅不應削弱，而且應增進我們建設此世的心火。因為新的人類大家庭的雛形，是滋長發育在今世的，並以能提供人以新天地的預感」（論教會在現代世界牧職憲章，第39號）。

Q5 儘管在考慮以上你所解釋的諸多面向之後，末世論變得較為可信，但如何去瞭解聖經及傳統關於來生所做的斷言，仍是個問題，特別是你也曾說過這些文本不能只按照字面上來理解，這樣，我們究竟要如何看待它們？比方說，我們要怎麼理解經上說：「那裡要有哀號和切齒的」乃作為一種懲罰罪惡的形式（見太八：12；二十二：13；二十五：30）？

　　你提出的例子使我想起一則笑話。話說一位極力要讓罪人悔改的教士，以「哀號和切齒」的永苦來威嚇那些不願悔改的人，然而，他卻為聽眾當中一位先生的反應而感到挫折不已，因為這位先生不但沒有如他所預期的那樣戰慄懼怖，反而還自鳴得意地微笑著。在講道結束後，當教士向這位先生問起何以未因神聖的報復而心生恐懼時，他高興地答說，他的牙已全部掉光，現正戴的不過是假牙而已。這位教士馬上狡猾地反駁道：「你的牙很快就會再長出來的！」

　　姑且不論這則笑話如何，你的問題其實指出了一般神學與末世論當中最棘手的問題之一。它涉及了對聖經與傳統的詮釋，亦即所謂的詮釋學。因為你的問題牽涉了非常複雜的論題，因此我將分幾個步驟來回答。首先我們必須簡短討論一般

詮釋中涉及的問題，接著討論聖經詮釋，最後再看末世教義的詮釋。在這個回答中，我將處理的是我們在詮釋文本時所發生之種種。

學者如德國哲學家高達美（Hans-Georg Gadamer）及法國思想家呂格爾（Paul Ricoeur）都曾指出，當我們試圖瞭解一則文本、一件藝術作品、一個事件或任何事物時，我們都進入了對該事物的「前理解」（preunderstanding）或是「前見」（prejudgment）當中。前理解乃是由對該事物之各樣詮釋（通常其間彼此衝突）的傳統所形塑，並給予理解該事物之入手處。傳統──包含每樣事物（包括詮釋者及有待詮釋者）皆存在於時間和歷史（歷史意識）之流中──即為高達美所稱之「歷史效應意識」。當然，有待詮釋的事物已經吸引了我們的注意力和興趣，因為，我們已在其中隱約地捕捉到它的意涵與真理。在此一意義下，該事物可說是「經典」（classic），一如美國神學家崔西（David Tracy）所提議的稱謂。

因此，在詮釋的行動中，有三個層面的實在彼此互動著：有待理解的現象（主要是知識社群中的文本）、詮釋者以及詮釋過程本身。

第一個要素是有待詮釋的實有（reality），其有時會被提升至經典性的地位。它(1)自所置身的文化當中取一特殊形式（如巴洛克藝術）；(2)蘊涵永恆性及意義的滿溢（如可從作品中心領神會的美感，以及藝術家試圖去傳遞但卻巧妙地規避了他〔她〕的意義），因而賦予了詮釋的多元性，並拒絕固定的詮釋；(3)是某一時代背景的特殊產物（如義大利，十八世紀），但

其效用卻是普遍性的，故得爲今日每一角落的人所欣賞；此外，(4)其可被廣泛採納，因此可能會被某一時代視爲正典（如大學課程裡的指定教材），而在另一個時代裡又被遺忘或貶抑（如巴洛克藝術的式微）。

若論及書寫的文本（相對於口說傳統），則文本：(1)有獨立於作者意圖的生命，並取得了未被作者所指向的意義，因而獲致了「語意的自主性」；(2)其不再只是以原來的讀者爲對象，而是對任何閱讀它的人說話，因此其讀者群便擴大了；(3)文本超越了原始的處境，使其得以從原來的脈絡轉移到新的情境當中。因此可說文本均具有成爲普遍性的潛能。

第二個要素 —— 詮釋者 —— 帶著傳統賦予他的前理解，來到有待詮釋的文本面前。這個文本既具有陌生性和相異性，又含藏意義與眞理。詮釋者樂於以批判性的角度將自己與他所熟悉的傳統之間拉開一段距離，讓文本的相異性與陌生的意義，及其所蘊涵的眞理，向詮釋者根植於傳統中的前理解提出質疑、挑戰與改正，並予以豐富性。同樣地，文本裡被覺知的意義和文本所從出的前提，亦可被質疑、挑戰與改正。

詮釋者既非全然被動，順從地吸收經典內所有可能的意義與眞理，但其亦非全然主動、隨心所欲地自由創造意義與眞理。經典的意義當然也不會始終如一。經典和詮釋者是在有取有予、有來有往的詮釋過程中彼此互動著的。詮釋者詮釋經典，而經典亦詮釋詮釋者；兩者皆在過程當中改變。當詮釋者以批判性的角度將目前的經驗世界與文本所投出的世界互相關聯時，嶄新的意義便湧現或揭露出來了。

　　詮釋行動的第三個要素乃詮釋過程自身。其可比擬爲一場遊戲或對話。爲了能運作成功，遊戲必須具備參與者可遵循的規則，同時其必得具備讓參與者忘我投入的動向。對話自身即是一種遊戲，而決定對話之韻律和結果的，並非對話雙方的意見及興趣，而是對話的主題與所提問的問題。類比地說，詮釋者必得依循某些法則，好能辨別經典與詮釋者相遇當中所揭露出來的意義與眞理。

Q6 現在我明白詮釋乃是以下三層面之實在彼此間複雜的互動過程：即，有待詮釋的實在、詮釋者與詮釋行動本身。但這過程如何應用在聖經的詮釋上？

　　我希望我已說明清楚，任何詮釋行動皆是讀者與文本之間複雜的對話過程，並且，這過程是個人親身涉入，以特定的社會爲背景，而受歷史所制約的。特別是在我們詮釋聖經及其末世性的陳述時要記住此點，因爲總有一誘惑（及經常的作法），讓我們忽略以上所述的詮釋過程，而以爲只要去看看聖經說什麼就好了。不知怎地，人們總是咸信聖經的意義可以斷章取義。

　　如果一份當代文本的意義尚且不能只是看看就好，那麼，聖經的作品就更是如此了。不要忘記：聖經裡的諸樣作品，乃是幾千年前，以我們大多數所不熟悉的語言，並爲住在相異地域及文化裡的人們所寫成。因此，我們需要規則及方法，好讓

那使我們與聖經作者及其寫作對象之間分隔的地理性、時間性、語言性，與文化性的距離，有被彌補的可能。畢竟，聖經的作者並沒有預知我們的處境，他們也不是針對我們而寫作，儘管他們所寫的仍然對今日的我們有意義。

　　關於詮釋聖經的方法及原則方面，梵二在其憲章「論神聖啓示」之中已設下一些非常實用的準則。該憲章之第十二號的內文極長，故我將摘要其核心概念。首先，我們必須試著瞭解聖經作者經由其語言所要傳達和已經傳達的訊息（字面上或文學性的意義）。其次，爲正確地瞭解聖經作者所欲陳述者，我們必須注意聖經作者的時代所流行的，以及當代習用的感受、說話和敘述的方式（文學類型），也當注意到同時代的人們彼此往來時慣用的那些方式。第三，由於聖經不僅是人的言語，同時也是神的言語，因此我們必須將聖經視爲整體來閱讀。這意味著：我們必須在新約的光照之下來閱讀舊約，反之亦然；同時，在閱讀某一部書的時候，也要參照其他的，因爲上帝是整部聖經的作者。最後，我們必須把傳統所給出的詮釋，特別是那些被委任去給予聖經權威性詮釋者的詮釋考慮在內（教會訓導權），我們也必須注意我們對於聖經的詮釋勿與教會的信仰相牴觸（信仰的類比）。

Q7

Q7 在實際運用上，哪些步驟是我在詮釋聖經時所必須遵循的？

　　聖經是上帝在歷史上向我們所言所行的神聖記錄。由於它是歷史性、文學性及啓示性的的文本，其詮釋便涉及了三個互相關聯的步驟。

　　首先，因爲它是歷史性的文獻，因此我們必須運用「歷史批判」以察明文本所言，亦即，文本的意義。這種意義通常被稱爲「文學的意義」（不是字面上的意義，而是作者所意指並由其文字所傳遞的意義），或者「純粹的意義」。此一階段的目標是藉由決定其「理想的意義」來解釋文本。這層意義是由文意（文字在某一陳述中所指稱者，如上帝的國）及指涉（該陳述所宣稱爲眞者，如上帝的國業已來臨）所共構。在實行釋經的工作時，有以下方法和技巧得運用：「文本」的批判（決定文本的眞實性與傳遞方式）、「來源」的批判（分辨某一文本對另一文本可能的影響）、「形式」的批判（探究聖經背後口述傳統的源頭及歷史，形塑文本的社群，以及文本所屬的文學類型）、「修訂」的批判（用作者以及作者在編輯、融合與形塑其所承續之傳統時所扮演的創造性角色，來指認聖經組成時的各種階段）。在此階段中，聖經被當成是讀者藉以看見文本「背後世界」的一扇窗。

　　其次，因爲聖經也是語言性和文學性的作品，故我們也需

要以文學的批判來瞭解此一作為文學作品的文本，是如何與讀者發生關聯，又如何達成了自身的目標。更特別的是，既然聖經乃見證之書，那麼它如何以其結構、文學形式及內容來完成見證的任務，即有待分析而加以定奪了。

　　各式各樣的方法與技巧已被採行用以達此目的。有些學者將聖經當作一部故事書來檢視（敘事的批判）；有些學者則專研其勸服之術（辯論的批判）；還有一些學者研究比喻的使用（比喻的批判）；另一些學者則研究書信文類的使用（書信體分析）；此外，也有學者專研聖經對於其讀者的影響（讀者反應的批判）。

　　在此階段中，聖經被視為是讀者用以發現自身的鏡子。焦點被擺置在文本的世界。在文本這個字詞的真實意義下，其乃是一件「藝術體」（art object），除非且直到文本被詮釋以後，才成為「藝術作品」。就像一件視覺藝術體（如米開朗基羅的「聖母慟子像」[Pietà]）唯有被凝視（contemplated）時才成為藝術作品；一本樂譜（如貝多芬的「月光奏鳴曲」[Moonlight Sonata]）在被彈奏時才成為音樂；一個劇本（如莎士比亞的《哈姆雷特》[Hamlet]）唯有被表演出來才成為戲劇，聖經也只有在讀者詮釋它的時候，才成為神的言語。這時，聖經才揭露出另一種可能的世界或實在，並為讀者開放出一種嶄新的存在方式——不同於以往，而必須被他（她）接受或拒絕的一種存在的可能性。

　　第三，因為聖經是一部神聖的書籍，其寫成不僅是為了要告知訊息，更重要地是去「轉化」（transform）讀者，因此，詮

釋的過程必須超越解釋及瞭解聖經的層次，而「切近」
（appropriating）聖經的意義。這樣一來，讀者便得以擁有其理
想的意義，而這理想的意義後來又能成為讀者存在的意義。聖
經背後與之中的世界便在聖經「之前」（in front of the Bible）開
展出一世界，亦即一種存在及行動的嶄新方式——它邀請讀者
進入並使之成為讀者自己的世界。我們可將這詮釋的第三步驟
稱為「詮釋學」，以有別於釋經學（第一步驟）和批判（第二步
驟）。

　　因此，讀者／詮釋者必須展示這雙重任務。首先，一如視
覺藝術、音樂或戲劇的批評家必須和藝術作品保持一段距離，
好能賞析作品的顏色、聲音或行動，讀者也是以批判的角度來
切近文本，並與之保持距離，好藉由歷史與文學的批判來決定
其理想的意義，甚至揭露其扭曲的意識形態。

　　其次，一如批評家必得先在審美上使自己降服於藝術作
品，才能全然地欣賞一件繪畫、交響樂或戲劇之美，同樣地，
為充分地瞭解文本，讀者必須要進入文本所投出的世界，亦
即，文本之前的世界，並獲取其存在性的意義。那時，希望能
夠出現一場多向度的對話，一次轉化性的詮釋，以及在讀者心
中一嶄新精神層次的瞭解，在此，讀者不僅獲致了一種對聖經
的嶄新瞭解，也得著一種看待世界、在世存有並在世行動的嶄
新方式。只有在此刻，詮釋的行動才告完成。

Q8　我現在瞭解聖經詮釋乃是發現隱於文本背後、文本之中及文本之前世界的複雜過程。但就聖經關於來生的陳述要如何作詮釋呢？

　　基督信仰的神學——包含基督信仰的末世論——必須根植於聖經及傳統。因此，基督信仰的末世論必須仔細地檢視與詮釋聖經及傳統所提及之個人終極命運（個人的末世論）、以色列民族的未來（國家的末世論）、全人類之終極命運（集體的末世論），以及世界的終局（宇宙的末世論）。

　　特別是聖經的末世論，我們必須對之運用如上所述的種種方法。首先，在運用「歷史的批判」之同時，我們必須依據文本的批判來決定聖經末世論陳述之真實性。此時，根據來源的批判，這些陳述的歷史性將獲定論，同時，若其間有任何互相影響的成分，亦需分辨出來。再者，根據形式的批判，我們必須探究這些陳述在被寫下以前，是在何種社群中以口述的方式被形塑出來；而且，最重要的是，我們必須檢視它們用以表達的文學類型（literary genres）為何，並確認這些類型的特性。最後，按照修訂的批判，我們需要研究某一特定的作者，在參照所面對之聽眾以後，是如何對種種不同的陳述做擷擇、綜合，並將之融入自己的作品當中。如此一來，我們希望能獲得這些陳述的理想意義，並達致在其背後的世界。

　　其次，在把這些末世論陳述置於它們的「文學脈絡」中來

考慮的同時，我們也需要進一步去詢問它們試圖要達成的，以及它們如何完成了此一自我指派的任務。比方說，我們需要去詢問它們是否試圖要給予讀者一幅對於來生的預象，或者它們是否對我們應如何生活以進入永生提出了「警告」。換言之，我們將試著進入這些末世論所主張的世界之中，以發現對於現今的我們——懷抱著自身的關切與疑問之新聽眾——在今日的時代脈絡下所能予以的回應。

　　第三，因我們相信這些末世論的相關陳述向我們揭示了上帝及其神聖的救贖計畫，故我們將詢問它們向我們提議的生活及行動為何，亦即，展露在它們之前的世界是如何。我們希望把自己理解的視域同它們的融合在一起，好使我們不僅能瞭解它們被寫成時的「意義」，同時也能明白它們之於今日的我們有怎樣的意義。如此一來，我們就能對這些文本獲致一轉化性的理解；也就是說，它們的理想意義將能成為我們存在的意義。

　　當然，由於篇幅有限，我們無法就所有聖經及傳統關於來生的斷言，來做這三重的詮釋工作。在下一章裡頭，我將針對一般聖經的末世言論來做解釋，然後在專論末世論各種特定主題（如死亡、復活、審判、地獄、天堂等等）的章節中，再處理這些特殊的主題。

Q9 　在你告訴我們聖經對於來生的言論為何以前，請先解釋一些人們用以說明來生的主要概念，如永恆及永生。所謂的永恆是什麼意思？它與我們的時代有怎樣的關係？

　　為了瞭解永恆所指為何，先簡短地澄清所謂時間的意義，對我們將是十分有益的。我們通常所謂的時間，如希臘哲學家亞里斯多德曾說過的，是對於運動及變化之前後的度量，亦即瞬間的相繼。這時間是被時鐘與月曆所度量，並構成了年代的次序（希臘人用chronos一詞來指出這種時間）。在此一對時間的理解當中，只有現在這個沒有綿延性的瞬間存在；過往因已逝去而不復存在，未來則因尚未來到故亦不存在。

　　除了這種對於時間的物理性概念，還有另一種根植於人類內在經驗的時間觀。我們人類儘管活在現下，但並不把過往經驗成無可追回而永遠逝去之物，我們不但能在現下經驗過往，並且我們的過去也不斷形塑我們對自己的認識和命運。同樣地，我們亦不僅只是把未來經驗為空洞而不真實的東西；未來之於我們好像是一誘惑和挑戰，邀請我們邁向前去實現自己的潛能。在這種人類的時間裡，過往被收集並保存在我們的記憶當中，而未來則在我們的想像和期望之中被期待，並變得真實起來。在此一時間中，每一瞬間並不都是等值和等重的；毋寧說，對人類的存在而言，有一些是決定性的時刻（希臘人用kairos一詞來指涉這種對反於chronos的時間）。因此，當我們身

處痛苦當中時，一小時似乎不只六十分鐘而已，但當我們身心愉快時，時間好似飛逝一般。

就如奧古斯丁所曾說過的，在時間中我們的靈魂「擴大」了，一方面向後回溯以擁抱過去，另一方面則向前伸展以期盼未來的可能性。我們對自己的認識之所以能達成，也是經由這種融合時間之三層面——過去、現在，和未來——成為一人格整體，並完整而同時地擁有三個層面的時間的能力所致。當然，只要我們還生活在時間裡頭，這種人格的整體及擁有時間的能力，就僅僅只是部分地實現，並且必然只能是一個有距離的目標。儘管如此，它仍是我們持續努力的目標。這樣，生活在時間裡，可說就是參與在由不完全到圓滿的行動當中，就是超越時間的區分及片段，而朝向時間的圓滿性及整體性。

這種超越時間的區分及片段，而朝向時間之圓滿性及整體性的實在，即謂「永恆」。相對於作為變化之連續性度量的那種時間，「永恆」被第六世紀羅馬哲學家波哀丟斯（Boethius）定義為「瞬間的整體並圓滿的擁有無盡的生命」。這般的永恆唯獨屬於神，因為只有神才沒有所謂的開端或終結，沒有先或後，也沒有從屬於變化之流的必然性。因此，永恆是生命及存有的圓滿或成全，沒有時間的衰敗和相繼。

在此意義下，永恆便不純然是對時間的否定。相反地，基督信仰的啟示肯定，在上帝兒子道成肉身的事實裡，上帝已出於愛而自由地取了人類的時間性、光陰與流變，並將之提升至神聖的生命。在此行動當中，並藉此行動本身，上帝也使人得以分享上帝自己圓滿的生命或永生。如此一來，人類克服時間

之分裂及片段而將個人的過去、現在，與未來整合為一體的動
力——此動力若僅憑己力終將失敗——即得以藉由神慈悲降生
成人而使時間成為永恆的事實，獲得成全。

　　因此，永恆不應被想像成死後無盡的時間綿延，或永無止
境的時間在另一個世界不斷前行，一如「永遠，永遠」這樣的
語彙能令人引發的聯想。因為如果是那樣，我們便無法瞭解永
生或天堂如何能是無上的福份，我們只是注定遭受永遠漂泊的
厄運，不斷找尋最終的目標，卻沒有棲身的歸宿。我們分享上
帝的永恆性，毋寧說是我們的時間與歷史皆為上帝賦予了終
極、確切而無可逆轉的意義。在此意義下，我們所參與的永恆
並非在我們的時間以外、之上、以後或其上；毋寧說，其既在
我們的時間之內實現，也以我們的時間為基礎。

Q10　即使我們分享了上帝的永恆性，但我們的時間如何能成為永恆？

　　要瞭解我們的時間轉化為永恆的過程，其中一個途徑即是
去考量我們如何運用自己的自由。由於擁有自由，人類得以在
不同行動及事物當中做抉擇。原則上，這些抉擇皆是可逆的。
我可以選擇去看電影，或者決定去看小說。我也可以選擇去仇
恨我的敵人，或者決定去憐憫、寬恕他們。在這無數的決定當
中，一如德國神學家卡爾·拉納（Karl Rahner, 1904-84）所言，
我們不僅只是做了這樣或那樣的行動；事實上，我們最終就是

要「成為我們自己」（become who we are）。

自由乃「成為自己」的自由，而不只是「做某事」的自由而已，如此的自由在本性上，即是個人一次而永遠地、確切地、終極地決定自己之所是的能力。經由我們自由意志的行動，我們永遠地成為了自己想要成為的樣子。這些行動不但塑造了我們的性格與自我認識，亦決定了我們永恆的命運。當然，只要我們還活著，我們的性格與命運便仍然懸而未決；它們能在某一時刻朝著某一方向被形塑，也能在另一時刻朝著另外一個不同的方向被形塑。但就在我們每一特殊的選擇當中，它們不斷地被形塑著，直到我們瀕死及死亡的時候──一如以下我們將會看見的，它們最後的樣貌就會成為定論且無可逆轉。當我們被上帝接受和認可時，此一我們性格與命運之終極、確切而無可逆轉的樣貌，就是我們的「永恆」。

在時間、自由及永恆三者之間，存在一內在的整體性。時間使自由成為可能，自由為時間賦予意義，而永恆則是被自由給定終極而確切意義的時間。

Q11 我期待在以下的篇幅裡，你會提及許多關於來生的事。但為避免見樹不見林的缺憾，你可否先就末世論的整體來談談？

接下來，我們的確要討論許多有關來生的事，同時，我們必須不僅只專論關於人類大家庭及宇宙的最終遭遇（集體末世

論），也要顧及個人的終極命運（個人末世論）。然而，一如你所指出的，因為我們將論及眾多而廣泛的事物，便有危險會失去了對所有神學的核心做觀照，因而也未對末世論的核心加以觀照。這個核心就是三位一體的上帝。

　　一如瑞士神學家巴爾塔薩（Hans Urs von Balthasar, 1905-88）在改寫奧古斯丁時，曾簡潔而優美地說：「上帝是所有受造物的『終極事物』。若贏得了上帝，就是天堂；若失去了，就是地獄；若上帝考驗人，即審判；若上帝煉淨人，即煉獄。有限的受造物在上帝內死去，但也藉著上帝再度復活。上帝在祂的兒子耶穌基督內轉向了世界，耶穌基督是上帝的自顯，因此也是『終極事物』的總和」（《今日神學問題》，407-8）。

　　如此一來，我們必須記住的就是：上帝，且唯有上帝本身，是末世論的核心，並且，祂已將其滿溢恩典的生命賜給了我們。對於每一有關個人、社會及宇宙之終極命運的陳述，我們都必須提出以下的問題：它對上帝的性格有何表示？如果它對上帝的斷言與我們所知關於上帝的真理互相一致，那麼，它就是真的。這在我們決定每一末世論陳述是否為真時，會是很有助益的指標。

Q12　除了上帝以外，巴爾塔薩也提及耶穌基督是「『終極事物』的總和」。耶穌在末世論中扮演怎樣的角色？

　　雖說上帝是末世論的終極課題——末世論的陳述的確乃就

上帝而講論，但耶穌的生活、教導，特別是祂的復活，可說既
是我們永生的肇因，也是我們對於來生所知的源頭。誠如保羅
所言：「假如死人復活是沒有的事，基督也就沒有復活；假如
基督沒有復活，那麼，我們的宣講便是空的，你們的信仰也是
空的」（林前十五：13-14）。如果我們要以哲學的語彙來表達
之，則可說：上帝是末世論的物質原則，而耶穌則是其形式原
則。

　　作為末世論的形式原則，基督既是我們復活與永生的「肇
因」（cause），也是「典範」（model）。之所以是我們復活與永生
的肇因，乃在於藉由基督且因著祂，上帝在其獨生子的復活與
榮耀中所做的，也會在我們——作為上帝的義子女與耶穌的弟
兄姊妹——的身上實行。而基督之所以是我們永生的典範，則
是由於為了瞭解在來生的遭遇，我們必須注視在復活耶穌身上
所發生的一切。

　　這麼說來，末世論可謂是在基督的光照之下，對於未來人
類及宇宙完成的一種詮釋。誠如卡爾‧拉納所說：「基督自己
是所有末世論主張的詮釋原則。任何無法以基督論方式來加以
瞭解的主張，就不是真正的末世論主張」（《神學研究》，4：
342-43）。

Q13

Q13 除了基督論之外，還有任何其他的神學領域可作為末世論的規準及來源嗎？

有的，那就是禮儀和祈禱。普羅斯伯（Prosper of Aquitaine）（西元390-463）曾有一諺語肯定說：「祈禱的法則建立信仰的法則」（legem credendi lex statuit supplicandi，通常簡寫作lex orandi, lex credendi）。此一原則的意義在於，當教會祈禱並行聖事時，它即明認了從使徒傳下來的信仰。換言之，當教會祈禱時，它就信仰了。因此，在推敲神學及末世論的內容時，必須要關注於禮儀的「文本」，以決定教會明認及隱含的信仰為何。禮儀的文本不僅限於禮儀書（liturgical books），同時也包含禮儀的儀式——無論是過去、現在，或者今日禮儀的實際進行方式。比方說，為瞭解教會對於死亡與瀕死的信仰，我們必須檢視禮儀書裡頭關於為病者傅油及殯葬之聖事、傅油與殯葬的儀式，以及某特定團體舉行這些儀式時的實際進行方式。

相反的路徑也應著手進行，換言之，我們也必須批判地檢視這些儀式及其實際進行的方式，以確定它們是否忠實地實踐出教會的信仰。在此意義下，則必須說：信仰的法則建立祈禱的法則（lex credendi, lex orandi）。舉例而言，我們必須追問：某些為受煉苦靈魂的祈禱，是否即正確地反映了教會對於煉獄的信仰，或者，某些關於地獄的禮儀陳述及形式，是否正確地表達了教會信仰上帝願所有人都得救的意志（見提前二：4）。

第二章
聖經的末世論：
聖經所述的末世景象

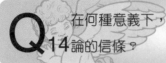

Q14 在何種意義下，你能說希伯來聖經或舊約當中有末世論的信條？

如果所謂的末世論是指四項最終事物——死亡、審判、天堂及地獄——的信條，那麼，被基督徒稱作為舊約的希伯來聖經，就整體來說，其實並未提供出一個發展完全的末世論。當然，舊約（較希伯來聖經多七部作品）是提及了死亡，但其對來生卻相當沈默。對於個體死後仍生存的希望，在舊約中除了些許晚近的文本（可能是在第二世紀寫成的）以外，幾乎沒有任何表達。我將在後面的問題裡討論舊約有關來生的種種教誨。在此只消指出，不論希伯來聖經有怎樣的末世論信條，其都深植於以色列人對未來救贖的希望——它首先由先知所宣稱，後來則由諸啟示性作品之作者加以宣告。

Q15 此一由先知所宣稱之對未來救贖的希望，與末世論有怎樣的關聯？

典型的希伯來先知（如阿摩司、何西亞、以賽亞及米該亞），儘管一般皆與出神的狂喜及對未來的預報有關，但其最主要的關切仍是為他們同時代的人分辨與詮釋上主的旨意，特別是有鑑於以民一再違反了上主在盟約中所頒布的誡命。先知們

宣告了「耶和華的日子」——屆時，上主將會爲了人們的無信而懲罰他們。神聖的懲罰往往是以天災、失去王朝與祭司、流亡、聖殿被褻瀆、祭典被玷污，以及各種迫害來描述的。

然而，極矛盾的是，上主的審判和懲罰竟是「希望」的來源。神聖的懲罰並不是爲了毀滅人們，而是醫治人民所必需的藥方。它們乃用以提醒人民上主對他們滿懷愛情的仁慈（hesed），並使人修補自己的途徑，好能再度尋回上主的寵愛。最後，儘管人們無信和悖逆，上主的愛與信實（emet）仍會勝過一切。

這份對於上主的未來與超克邪惡的確切勝利，所懷有之不可動搖的希望，爲後流放時期的先知，如耶利米、以西結、第二以賽亞（40-55）、第三以賽亞（56-65）、以賽亞（24-27[所謂以賽亞啓示錄]）、哈該，與撒迦利亞給重新燃起。雖然他們依舊因以色列人民的偶像崇拜，以及對耶和華的不忠實而大力譴責以色列人，但他們也同時宣告了新紀元的來臨——屆時，上帝將會介入人的歷史而施行拯救。

這個被允諾的救恩，若非直接爲上帝所帶來，就是藉由一中介者而來——其被稱作是受苦的僕人或者彌賽亞，身分則是祭司、君王或先知。此一新紀元被描述爲過去某些重要事件的重現。其被描繪爲一嶄新的創造，嶄新的出埃及記，嶄新的盟約，邦國的重新統一，大衛王朝的復興，耶路撒冷與聖殿的重建，民族的復興，對律法完全的奉行。這個新紀元被稱作是「上帝的國度」，在此，上帝不僅在眞理、正義及和平當中統治以色列，更統治世上列邦列國及整個宇宙。

　　經由他們的教誨與作品，這些希伯來先知創造出所謂「先知的末世論」。雖然，自文學的觀點觀之，把這些先知的作品指稱為「終末文學」是不妥當的，然而，它們可被視作為一具備以下特徵的作品整體。首先，在這些作品當中，對於當時為罪惡與邪惡所瀰漫風氣，有一消極的衡量，以及對神聖懲罰的預報。第二，其對於新紀元有較奇異和過度的描述，並帶有陳舊的主題和意象，誠如以上所提及過的。第三，其中有對於現時與未來的十足對比。新紀元愈來愈不被看作是恢復理想的過去，而被視作為對現世的摧毀，以及對上帝的敵人的消滅，而在歷史及這個宇宙之上創造一全新的世界。第四，其亦試圖指出預言將被實現的時期。對此，耶利米及以西結首開先河，而第二以賽亞將新紀元的來臨與一歷史性事件——亦即居魯士王允諾猶太人回到他們的家鄉——關聯起來。第三以賽亞、哈該與撒迦利亞則將上帝的干預視作即將發生之事。

　　總之，先知的末世論不僅與個人的命運有關，更涉及以色列民族整體的終向。其亦為以民對於末世救贖那份不可動搖的希望所滋長，而此一末世獲得救贖之希望，乃基於上帝對於亞伯拉罕及其後裔（家族承諾傳統）、與上帝立約的以民（西乃盟約傳統），以及大衛和他的王朝（大衛—錫安傳統）所許下的信諾。

　　然而，對於末世理想性的、甚至時而詩意性的描述，遠遠超過了現實。當重建的聖殿、儀式與祭司制度仍被視作是被污染的，而以民依舊違背律法，酸苦的失望便毒化了希望的泉源——正如我們閱讀第五世紀作品的瑪拉基、以斯拉（Ezra）、與

尼希米（Nehemiah）當中所見的那樣。儘管如此，希望並未被
放棄，即便是失落了國家的獨立性而爲希臘人所統治──起先
是托勒密王朝，後來是塞流卡王朝（西元前332年－西元前160
年）。相反地，一種新的文學形式即將誕生，而賦予希望以一不
同的聲音。這些作品即所謂的「啓示性文學」，其自身即具備明
確的末世論。

<blockquote>
Q16　除了先知以外，你還提到舊約聖經裡諸默示性作品之
作者，對舊約的末世論有所貢獻。何謂啓示主義
（apocalypticism）？而聖經當中又有哪些啓示性作品？
</blockquote>

　　首先宜先作以下的區分：作爲一種文學類型的「啓示性文
學」（apocalypse），作爲一宗教世界觀的「啓示性末世論」
（apocalyptic eschatology），以及作爲一社會意識形態的「啓示主
義」（apocalypticism）──其運用啓示性末世論來當作某一團體
或運動之組織性原則（例如昆蘭[Qumran]社群）。

　　作爲一種文學類型，啓示性文學（源於希臘文apocalypsis，
意即「啓示、揭露」）的定義，可說已被新約唯一一部啓示性作
品開端的前三節作了極佳說明：「耶穌基督的啓示，是上帝賜
給祂，叫祂把那些必須快要發生的事，指示給自己的僕人們；
祂遂打發天使，告訴自己的僕人若望；若望便爲上帝的話和爲
耶穌基督作了見證，即對他所見到的一切作了證。那誦讀和那
些聽了這預言，而又遵行書中所記載的，是有福的！因爲時期

已臨近了。」（啓一：1-2）

　　在此，我們有了默示性文類的基本要素：(1)其爲上帝或耶穌基督所給予的啓示；(2)是經由另外一個世界的「媒介者」——例如天使——而來的；(3)是啓示給一位「預言者」或「先知」，例如約翰；(4)揭示「未來」與「即將發生的事件」，比方說，上帝的最後審判；以及(5)包含一忠告，如在遭受迫害時保持堅定的訓誡。

　　研究過自西元前兩百五十年至西元兩百五十年所有啓示性文本的學者約翰‧柯林斯（John J. Collins），把「啓示性文學」作了如下定義：「『默示性文學』是一種啓示性文學的文類，其有一敘事性的架構，藉此，啓示經由另一世界的存有者傳遞給人，揭露一既含時間性——就其預視末世的救贖而言，又富空間性——就其牽涉另一超自然的世界而言——之超越性實在」（《默示性的想像》，4）。

　　在聖經當中有兩部作品屬於此一文類，即舊約當中的但以理，以及新約裡頭的約翰啓示錄。一些正典以外的作品亦屬此列，值得注意的有：以諾書上（First Enoch）、以諾書下、敘利亞的巴錄啓示錄（Syriac Apocalypse of Baruch）、希臘的巴錄啓示錄、以斯拉啓示錄、亞伯拉罕啓示錄（Apocalypse of Abraham）、以賽亞升天錄。

Q17 這些啟示性作品有哪些特性？

　　要正確地回答這個問題，很重要的是──誠如我們在前一章裡所提到的──去注意這些作品寫成的歷史脈絡，它們欲表現的功能，及其用以表達內容的語言。雖說所有的默示性文學皆由單一的運動導致並非屬實，更不能說是由某一秘密教派所造成的，但一般而言，大多數的啟示性作品，乃於危機和種類各異的疏離情境下所寫成。這些情境包括國家獨立性的失落、社會無力，以及由異邦勢力，如塞流卡王朝──特別是安提阿哥四世依彼凡尼王（Epiphanes）的統治，所引起的宗教性與政治性的迫害。

　　啟示文學的一個主要功能，即是勸慰那些在此世屬於權力結構邊緣，以及因宗教信仰而受壓迫的人，使他們確信上帝終會為他們申冤並施行拯救。藉著將這些受苦的人的目光導引離開眼前的不幸，而將注意力朝向天堂與末世性的未來，啟示文學實現了此一功能。另一功能可說是提出一特殊的世界觀，而鼓勵人們在言行方面與此世界觀一致。

　　正如所料，啟示文學的語言乃富高度想像力，甚至是相當奇異的。這些作品幾乎皆為匿名，並且廣泛地運用異象（visions）、天路歷程、秘傳作品，以及天使的啟示，來傳遞他們的訊息。約翰·柯林斯曾挑選出此種語言的兩樣特徵。第

一，其並非敘述性，但卻極富「表達性」：「啓示錄的語言並不是報章雜誌裡那種敘述性、參照性的語言，而是詩的表達性語言，其使用象徵與意象來明確表達一份對世界的觀感或感覺。它們的持久價值並不在其對宇宙或未來歷史所提供出的僞訊息（pseudoinformation），而在於對超越性世界的肯定」（《默示性的想像》，214）。因此，把啓示錄用來描繪世界的終結或刻劃在另一世界將會發生之事的情節，是不恰當的。

　　第二，啓示性的語言不僅富於表達性，更具有「使命性」，亦即，是實用性而導向行動的。它將讀者委付給一個要求在態度及行爲上有所改變的世界觀：「它十分相似於解放神學的實用傾向——其目標不在乎客觀眞理，而在於動機的動向與政治權力的施展」（《默示性的想像》，215）。以第七題當中所討論的詮釋的語言來說，啓示文學不僅需要歷史釋經學及文學批評，還需要存在性的詮釋學。

Q18

Q18 那麼，對於末世論，啓示文學有何主張？而啓示文學又與先知運動有怎樣的關係？

　　啓示性末世論的觀點可被理解爲一源於先知性末世論的自然發展結果，儘管兩者並不盡然在年代上有連續性。兩種末世論乃是同一銅板的兩面。先知性末世論關切人民對盟約的不忠實，而強調人們歸向上帝的必要；孕育於極度危難與痛苦時期的啓示性末世論，則對一般人力改革與社會機制的效果感到悲

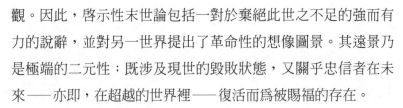

觀。因此，啓示性末世論包括一對於棄絕此世之不足的強而有力的說辭，並對另一世界提出了革命性的想像圖景。其遠景乃是極端的二元性；既涉及現世的毀敗狀態，又關乎忠信者在未來——亦即，在超越的世界裡——復活而爲被賜福的存在。

因此，啓示性末世論的內容特徵可說是：(1)熱切信仰超自然的世界，而對天界、天使、死者之住所、審判的所在，與墮落天使有詳細描述；(2)熱切期盼最終的救贖，同時，對於死者的審判及忠信者的光榮復活，有截然不同的嶄新信念。

比方說，寫成於遭安提阿哥四世依彼凡尼王（西元前175年－西元前164年）迫害的時期，而爲「歷史性」啓示錄代表性例子的但以理先知書，即展示了以下的異象：野獸（此即異邦的勢力，特別是依彼凡尼王）被殺害，而「相似於人子的某位」（此即以色列民或天使），自雲端降下，進赴「萬古長存者」的寶座，接受「統治權、尊榮與國度」（但以理第七章）。更甚有之，但以理預示，當米迦勒（Michael）這位「保佑你國家子民的偉大王子」興起，所有名字被登錄在生死簿上的人，都要被拯救。那時，「許多長眠於塵土中的人，要醒起來：有的要入於永生，有的要永遠蒙羞受辱。賢明之士要發光有如穹蒼的光輝；那些引導多人歸於正義的人，要永遠發光如同星辰」（但以理十二：1-3）。附帶一提，這是舊約當中第一段（也是希伯來聖經裡唯一一段）明白肯定死者復活的文字。對但以理先知書與啓示性末世論而言，有一個很基本的信念：所有的事件乃由更高力量所引導，歷史的進程及其終局已被預定和確立，智者的命運超越了這個塵世生命而屬於天使的世界。

Q19

Q19 如此之先知性與默示性的末世論是否對當時的猶太人產生任何影響？

　　這些思潮應對當時的猶太社群有所影響。至少此一社群當中之一支派，亦即昆蘭社群，即深受但以理及以諾的默示性世界觀影響。鄰近死海而於一九四七年被發現的昆蘭社群，可能大多是由「愛色尼派」（Essenes）所組成，並從西元前二世紀持續至西元六十八年。這些在遭受安提阿哥四世依彼凡尼王迫害時一直忠信謹守盟約的虔誠猶太人，因哈斯摩王朝妥協於塞流卡王朝──特別是在祭司制度方面──而拒絕了哈斯摩王朝，並在那一位被稱為「正義的導師」的帶領下，引退至猶太的沙漠。在那兒，處於極度苦修生活當中的他們，為末日做準備，而末日的跡象按其說法，則可為舊約所預報的三位人物──亦即，如摩西的先知、如大衛君王的彌賽亞，與亞倫支派的祭司──之興起為表徵。

　　根據昆蘭的釋經學，先知們已由神聖的啟示知道，上帝在末日將行何事，但他們並不曉得末日「何時」會到來。相反地，他們「正義的導師」已自上帝的啟示收到了這項額外的訊息，並將之傳遞給跟隨者。對他們來說，末日似乎會很快來臨，也許就是在他們那一世代。

Q20

Q20 耶穌也受到猶太啟示主義的影響嗎？

近來學者在歷史的耶穌方面的研究，對作為他生活與教誨之脈絡的猶太末世論，賦予了特殊的關注。耶穌降生在政治極度不安的時代當中，而可使強烈的啟示性期待發展成熟：自西元前四年大希律之死以後，就有三位假冒彌賽亞的人：加利利的猶大、西門，與安松吉。在耶穌公開傳教之初，祂即受洗於施洗約翰——在啟示性先知的神聖傳統裡，其力斥以色列既定之成規，而呼召全國性的悔改，以預備那「要來的那一位」之將臨，並明白地讚揚耶穌確實就是那「要來的那一位」。耶穌選擇的十二門徒有革新以色列十二支派的象徵性意義。祂潔淨聖殿乃是聖殿被毀和重建的先知性象徵。祂施行的奇蹟則是新世界降臨的記號。最後，祂因煽動叛亂的罪名而被羅馬當局處決，實暗示了人們將祂看作是啟示性的改革者。

此外，在祂的教誨方面，如果關於地上的耶穌有任何確然之事，那就是耶穌宣告了上帝的國和旨意。在新約當中出現一百二十二次如是的表達裡頭，有九十九次是出現在共觀福音，而其中的九十次，這句話是被放在耶穌的口中的。

有些學者（例如葛拉松[T. F. Glasson]、馬庫斯·柏格[Marcus J. Borg]，以及馬克[B. Mack]）爭論，耶穌的外表其實是被猶太啟示主義所形塑，而主張耶穌乃是憤世嫉俗的智者，

而非默西亞式的傳教家。然而，大部分的聖經學者認為，耶穌是站在默示性傳統之內的。他們指出，祂所參與的運動——亦即施洗約翰所發起的運動——乃默示性的。再者，在祂死後即刻於耶路撒冷興起的早期基督徒團體，將祂詮釋為被期待的彌賽亞以及人子，本身也是啟示性的。

Q21 耶穌相信末日即將來臨嗎？

　　至於耶穌認為上帝國來臨的時刻為何，學者對此意見分歧。一般來說有三種立場。第一，有些學者（例如喬安‧瓦依斯[Johannes Weiss]、亞伯特‧史懷哲[Albert Schweitzer]、伯基特[F. C. Burkitt]、馬丁‧迪貝流士[Martin Dibelius]、魯道夫‧布特曼[Rudolf Bultmann]，以及葉合[R. H. Hiers]）主張，耶穌深信祂所宣告的天國乃完全是一「未來的現實」（不折不扣的末世論）。對史懷哲來說特別是如此：耶穌預告了人子的即將來臨，以及門徒的受苦，而此二預測皆未實現，因此耶穌決定赴死以促使天國降臨。在史懷哲的判斷裡，耶穌是個失敗的啟示論者。

　　第二，其他的學者（如查爾斯‧多得[Charles Dodd]）提出：對耶穌來說，天國本質上是「現下」的現實（已實現的末世論）。這個論點的主要支持是以比喻、約翰福音及希伯來人書為基礎。

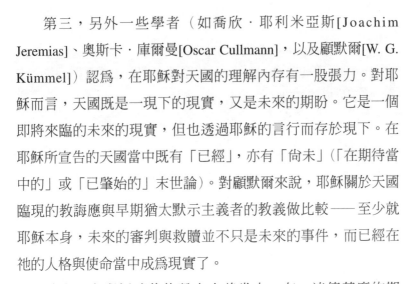

　　第三，另外一些學者（如喬欣‧耶利米亞斯[Joachim Jeremias]、奧斯卡‧庫爾曼[Oscar Cullmann]，以及顧默爾[W. G. Kümmel]）認為，在耶穌對天國的理解內存有一股張力。對耶穌而言，天國既是一現下的現實，又是未來的期盼。它是一個即將來臨的未來的現實，但也透過耶穌的言行而存於現下。在耶穌所宣告的天國當中既有「已經」，亦有「尚未」（「在期待當中的」或「已肇始的」末世論）。對顧默爾來說，耶穌關於天國臨現的教誨應與早期猶太默示主義者的教義做比較——至少就耶穌本身，未來的審判與救贖並不只是未來的事件，而已經在祂的人格與使命當中成為現實了。

　　總之，在耶穌時代的猶太主義當中，有一流傳甚廣的期盼：上帝很快就會以決定性的方式，對他的子民施行拯救。鑑於耶穌的言行，第三種立場似乎最能反映出耶穌的想法。在他許多言談及比喻當中（如馬太十一：5-6；十二：28；十三：16-17；十八：23-25；二十：1-6；路加四：16-30；七：22-23；十七：20-21），耶穌被描述成宣告天國臨現的那一位。另一方面，在其他言談及比喻當中（如馬太五：3-12；六：9-13；八：11-12；馬可九：1；路加九：27），被強調的則是天國於未來的降臨。因此，絕大多數的證據顯示，耶穌瞭解天國暫時地體現在他本人及其訊息之上，而天國全然的降臨亦在不久的將來。

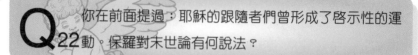

Q22 你在前面提過：耶穌的跟隨者們曾形成了啓示性的運動。保羅對末世論有何說法？

　　在接下來的篇章裡，我會詳細說明他們在末世論諸種論題上的特殊教誨。在此，強調早期基督徒團體強烈的末世傾向，已經足夠了。該啓示性末世論正是保羅形成其福音的架構，而在帖撒羅尼迦前書一：9-10中有清楚的表達：「你們怎樣離開偶像歸依了上帝，爲事奉永生的眞上帝，並期待祂的聖子自天降下，就是祂使之從死者中復活，爲救我們脫免那要來的震怒的耶穌。」在此，保羅將復活，耶穌二次來臨，以及公審判交織在一起，以刻劃出早期基督徒的信仰特徵。

　　保羅的末世論的特徵，即是今生與來生（「時間性」的二元論），以及充滿邪惡勢力的現世與天堂彼岸（「空間性」的二元論）的二元性作分判。因著信仰耶穌的復活，保羅修正了猶太啓示性概念：對他而言，未來的世代早已開始，因爲，耶穌的復活乃「死者的初果」（林前十五：20），是未來所有死去的義人復活的第一階段。

　　因此，基督徒得以在今生經驗來生（林前二：6；七：29-31）。當然，此一經驗雖眞實，但只是預嚐那即將來到的，而基督徒和宇宙的完全轉化，一直要到耶穌二次來臨時才會實現（帖前四；林前十五：51-56；腓三：20以後）。藉著對耶穌的信仰，保羅也將末世論的中心由上帝轉移至基督：「耶和華的日

子」成了「我們的主耶穌基督的日子」（林前一：8）。

保羅的末世論較著稱之處，還有他對於末日迫近的信仰。保羅經常明確地期盼自己在基督由天降來時仍能活著（帖前四：15，17；林前十五：15-52）。在他處，他又認爲他會像其他人一樣，在耶穌二次來臨之前死去。他期待信徒在死後立即能享受到救贖的益處，例如，與基督同在一起（腓一：23），以及被贈以「屬神的身體」（林前十五：44）。

在這兩種陳述之間的張力，可以兩種對於末日的觀點來解釋。從「時間」的角度觀之，末日仍然是未來的實在；因此，當它來臨時，人不能再活著，而必須在希望當中期待它。另一方面，自「空間」的角度觀之，未來的天堂世界早已在此；它是基督徒活著的世界，而人可以期盼它會在死前完全地到來。

再者，保羅的末世論的另一特性，即是相信：上帝在末日可期的勝利不僅影響每一個人與全體人類，更遍及整個宇宙。保羅宣稱：「凡受造之物都熱切地等待上帝子女的顯揚，因爲受造之物被屈服在敗壞的狀態之下，並不是出於自願，而是出於使它屈服的那位的決意；但受造之物仍懷有希望，脫離敗壞的控制，得享上帝子女的光榮自由。因爲我們知道，直到如今，一切受造之物都一同嘆息，同受產痛；不但是萬物，就是連我們這已蒙受聖神初果的，也在自己心中嘆息，等待著義子期望的實現，即我們肉身的救贖」（羅八：19-23）。

最後，對保羅來說，末世論絕不是對另一世界抽象的思辨。其有倫理實踐上的涵義。他常以末世性的言論來激勵好的行爲。在加拉太書第五章：21當中，保羅羅列一連串邪惡行爲

後，提出如下警告：「做這種事的人，絕不能承受上帝的國」。
在此，末世性的實在被用來當作某些不道德行為的制裁。

Q23 共觀福音對於末世論有何說法？

　　在察看共觀福音以前，我們應先談談所謂的Q（源於德文
Quelle，意即來源），也就是，兩百五十節為馬太福音與路加福
音所共有，而在馬可福音裡找不到的聖經章節。在Q當中，對於
末世論有強烈而普遍的強調。其表達了對於迫近終局的強烈期
盼，連帶有被即將來臨的審判所審斷的威脅。在Q當中九句人子
所說的話裡頭，有六句集中於人子未來的降臨（路加十一：30
＝馬太十二：40；路加十二：40＝馬太二十四：44；路加十
二：8-9＝馬太十：32-33；路加十七：24＝馬太二十四：27；路
加十七：26＝馬太二十四：37-39；路加十七：28＝馬太二十
四：37-39），三句則描述人子現在的情狀（路加七：34＝馬太
十一：19；路加十二：10＝馬太十二：32；路加九：58＝馬太
八：20）。

　　馬可使「上帝的國」成為耶穌的教誨的基本主題：「時期
已滿，上帝國臨近了，你們悔改，信從福音罷！」（馬可一：
15）。上帝的國（此一表達在馬可福音當中出現十四次）是一未
來而迫近的實在。就末世論來說，馬可福音第十三章是最為重
要的段落。在預言聖殿的毀滅以後，耶穌給了一連串末日的徵

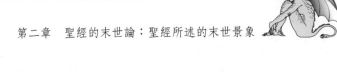

兆。經過宇宙的劇變後，人子將乘雲降來，由四方聚集祂的被
選者。

　　馬太則三十二次使用了「天國」（是「上帝的國」另一虔敬
的婉轉說法），四次「上帝的國」，並十四次與其他說法合用了
「王國」一詞。對馬太來說，耶穌在祂的生活與傳教當中，已滿
全了上帝在舊約裡所做的末世性許諾，教會則是真正的以色
列。就末世論而言，第二十四和二十五章是最重要的。在那
兒，我們看見聖殿毀滅的預告，末日的徵兆被一一數算，更見
到人子將為審判而來臨的宣報。馬太藉由添加幾則寓言（十童
女、三個僕人的比喻、最後審判），來強調末世審判的主題，以
及警醒的本分。馬太也是第一位使用希臘語彙parousia（譯註：
parousia原意為「我與你同在」，後引申意指「基督二次來臨」）
來指稱基督二次來臨（馬太二十四：3；十四：27，37，39）的
作者。

　　路加把耶穌回答法利賽人上帝的國來臨的時刻，和「上帝
的國的來臨，並非是顯然可見的」（路十七：20）此一主張關聯
起來。但耶穌進一步肯定「上帝的國就在你們中間」（路十七：
21）。因而有了如下轉變：從藉著外在徵兆觀察天國之即將來
臨，轉而注意已臨現在耶穌這個人與其傳教生涯當中的某種東
西。

　　路加在第二十一章裡的確有相應於馬可福音第十三章，以
及馬太福音二十四和二十五章的末世性言論，但他把在那些篇
章裡耶穌所說的話，做了重要的改變。馬可將耶路撒冷聖殿於
西元七十年被羅馬人褻瀆（「招致荒涼的可憎之物」）一事，當

作伴隨世代終結與人子來臨的啓示性記號；而路加（路二十一：20-24）則移去了啓示性場面，並稱之爲「異教徒的時期」（路二十一：24）的時代，來界分耶路撒冷聖殿在歷史上的毀敗，以及人子來臨的徵兆。藉此，路加試圖調和初代基督教團體所經驗到的所謂「二次來臨的延遲」——其原被設想在耶路撒冷被毀之後即刻發生。藉著在時間上界分這兩個事件，路加希望保留對末日來臨的期盼感，並鼓舞人對之保持儆醒，又可對爲何二次來臨並未如預期而實現此一問題做出回應。

Q24 約翰福音對末世論有何說法？

　　若說馬可是最朝向未來的一位，那麼約翰就是最專注於現在的了。難怪約翰最常被拿來支持已實現的末世論。當然，未來的向度並未被遺忘：約翰福音裡也提及了「末日」的復活（約五：28-29；六：39，40，44，54）；「二次來臨」（約十四：3，18；二十一：21-23）；以及在「末日」的審判（約十二：48）。然而，對第四福音來說，上帝的末世審判，早已存在於上帝獨生子被賜予給世界，以及人們對祂的回應當中。未來救贖的益處，已被按約翰福音爲靈修精神而形成的團體，以下列四種主要方式所體驗：(1)保惠師的恩賜；(2)預享永生；(3)神聖的審判；與(4)作爲彌賽亞的耶穌的臨現。

Q25 約翰啓示錄已被許多人用來描述世界末日時會發生的景況。它對末世論有何說法？

　　如前所指，啓示錄第一章：1-3實質上將啓示文學（apocalypse）定義爲一種文學類型（文類，literary genre）。難怪在基督宗教的歷史當中，它向來被用作對末日會發生何事的預測，並且有濫用的傾向。爲了要正確地瞭解啓示錄及其對末世論的說法，很重要的是記得我們在上一章關於詮釋過程，以及前面論及啓示性文類的討論。

　　作爲啓示文學的典型作品（除了它並非匿名此一事實），啓示錄以自身無數的異象、天使、野獸、數字、反基督者、宇宙大災難，以及世界末日，爲水晶球占卜者提供了無限的資源。適於作爲那有666數字的獸（啓十三：18）的人選，已從尼祿輪到了海珊，而世界末日也被看成是二次世界大戰之一或波斯灣戰爭。

　　然而，事實上，這些景象並非對按字面上理解的歷史事件之新聞性描述。毋寧說，它們是啓示性文學爲呈現其基本要點，所使用的象徵性和想像性構成之慣用特徵：儘管在表面上忠於上帝的人遭受瀆神者的壓迫和迫害，但實際上上帝掌握歷史的進程，且一定會戰勝瀆神者，而上帝的子民終將要一同分享這份勝利。

　　可能於羅馬皇帝迫害基督徒的時期寫成的啓示錄，是對未

來事件一連續性的敘事，其內容與以上所提的馬可福音第十三章、馬太福音第二十四和二十五章、路加福音第二十一章、帖撒羅尼迦前書第四章：13-18，以及帖撒羅尼迦後書第二章：1-12所述的末世景象有相似之處。在此敘述裡，上帝子民的敵人被懲罰：巴比倫-羅馬被摧毀；而基督被描繪為戰場元帥，領導天軍與他自然與超自然的敵人作一決定性爭戰。撒旦的失敗，引進了基督和復活了的聖者要統治一千年的王國，再來就是最後的戰役，以及撒旦與牠的同盟受懲罰。然後，緊接著的是所有死者的復活跟基督的審判。在最初的天地被摧毀以後，新天新地被創造，而天上的耶路撒冷自天降下，進入嶄新的紀元。

啓示錄充滿著急迫與期待之感。基督再三重申他即將來臨的承諾，對此，忠信者呼喊：「阿們。主耶穌，你來罷！」（啓二十二：20）。因著這份由啓示錄所激勵之對耶穌未來將臨，以及對最後勝利的信仰，其將永為基督徒——特別是在試煉的時期——所注意之強而有力的聲音。

Q26 你已一再強調，在詮釋舊約和新約裡的啓示性景象時，對文學方法加以關注的重要性。你能列舉其中的一些嗎？

在此一對聖經末世論做闡釋的尾聲，把末世／啓示文學所用以描述末日及來生的各種景象作一彙整也許會是有益的。以下所列的並非全部，但已包括了主要項目：先知的末世論——

自然的災難、聖殿被褻瀆、儀式被俗化、君王和祭司制度的失落、自應許之地被流放、各種形式的壓迫；希伯來啓示性末世論──匿名之使用、兩種世代的二元性、異象、夢境、另一世界的旅程、天使、秘密的卷軸；新約末世論／啓示文學──耶路撒冷聖殿被毀、戰爭、飢荒、地震、迫害、假先知、往普天下傳福音、假基督的出現、家人之間的仇恨、邪惡日增、日月無光、星辰墜落、人子自雲端降臨、在號角聲中的天使、所有忠信者的聚集、死者的復活、列國的審判。

　　最後的勝利則以下列各種景象意描述：對舊約先知的末世論來說是──一嶄新的創造、一嶄新的出埃及記、一嶄新的盟約、大衛王朝的復興、耶路撒冷的重建、聖殿被重新祝聖、儀式的恢復、邦國的統一、對盟約的全然信守；對啓示性末世論而言──對舊世代與此世的摧毀、對上帝子民的敵人加以懲罰、忠實信徒的勝利、耶和華爲王；對新約來說，則爲──基督二次來臨、撒旦與牠的同盟受懲罰、千禧年降臨、基督獲致勝利、新天新地、天上的耶路撒冷。

　　唯有仔細地在這深不可測而隱藏著危險的象徵之海上前行，我們才能爲我們的時代獲致聖經在來生方面的教誨。在此同時，我們可將撒查利・海耶斯（Zachary Hayes）所提出的四項原則當成有用的指引：

1.基督宗教末世論的規準是耶穌基督的生活、教訓、死亡與復活。參照此一規準，我們必須同時處理末世論的個人與集體向度，以及人類存在的身體與精神面向。

2.末世論的現在與未來向度必須同時被保持著。儘管藉由恩典，我們實在已經在現下體驗到未來的光榮，但是，未來仍有我們存在和宇宙之完滿實現，而作為我們寄予希望之目標。

3.雖然啟示主義對基督宗教有深遠的影響，但基督宗教並不能約簡成啟示主義。

4.基督宗教末世論及其對超越性未來的看法，最終說來是一奧秘，因而必須將之與錯誤的啟示主義（通常是基本教義派主張）加以區分——後者的目的是在默示性的預測，以及過去或目前的事件與人物之間找尋一致性，同時其傾向乃在於推測末日的詳細情景（《未來的預視》，66-67）。

　　我們也許可以藉由卡爾・拉納的想法擴充上述最後一個論點。拉納認為，真正的末世論專注於富有恩典與救贖的「現下」處境，同時，藉著詢問這現下處境如何能按照發生在基督身上的一切而成全，以眺望未來。相反地，錯誤的末世論埋首於把對「未來」的預測當作現實性的描述，又藉著詢問在歷史上的哪一事件或人物相符於這些預測，而使後者回到了現在（《神學研究》，四：337）。換句話說，真正的末世論是未來式的基督論與人類學。

第三章

死亡與瀕死：成為永恆的時間

Q27

Q27 你曾經提過：關於瀕死經驗的報告是致使近來人們對來生感興趣的因素之一。何謂瀕死經驗？其對來生有何說法？

　　隨著雷蒙‧慕迪（Raymond Moody）的書《死後的生命》（1975）之發行，以及依莉莎白‧庫柏樂—羅斯博士（Dr. Elisabeth Kübler-Ross）出版的作品，人們對瀕死經驗（near-death experiences, NDE）的興趣亦廣泛地被喚起。那些曾幾近於死亡，或在臨床上被宣告死亡而又復生的人，報告了以下的典型經驗：意識到自己已死亡，離開他們的身體而俯瞰之，進入一隧道，看見光，遇見他們所鍾愛的人和超自然的存有者，看見美麗的景象，參與對其過去生命的評斷，重回自己的身體，經驗到喜樂與平安，並失去對死亡的恐懼。

　　為了適當地瞭解瀕死經驗，必須在「臨床上」的死亡（或稱可挽回的死亡）與「生理上」的死亡（或稱不可挽回的死亡）兩者之間，作一重要的區分。所謂臨床上的死亡，主要特徵是外在的生命跡象如意識、脈搏與呼吸皆停止（如平板的心電圖所示），接著腦波活動消失（如平板的腦電圖所示）；而所謂生理上的死亡，如果沒有醫療步驟來挽回整個過程，則總是會致命。當然，被報告出來的瀕死經驗，並沒有發生在生理上的死亡之案例當中，而只有在臨床上的死亡之案例裡被發現——其有心跳停止（平板的心電圖），甚至有腦波活動消失的現象（平

板的腦電圖）。

　　對某些作者來說，例如，蓋瑞・哈伯馬斯（Gary R. Habermas）與摩爾蘭（J. P. Moreland）（《不朽：死亡的另一邊》，73-86），這些在臨床上死亡之後的意識經驗，有力地證明了在死後至少有最小限度的生命，特別是在腦電圖長時間的呈現為平板狀態以後。舉例來說，有位婦女，因腦電圖與心電圖皆呈現平板狀態，在被宣告為臨床上死亡之後大約三個半小時，竟復生回來並詳述了她的經驗，甚至正確地描述了醫生們的領帶樣式！但對另外一些作者而言，如漢斯・昆（Hans Küng）（《永生？》14-20）與撒查利・海耶斯（Zachary Hayes）（《未來的預視》，104），瀕死經驗並不足以證明死後仍有生命，正因為它們僅僅是瀕死經驗而已。

　　顯然地，為那些已相信有來生的人，瀕死經驗即為他們的信念提供了受歡迎的確據。另一方面，那些在哲學上反對不朽觀念的人，則視瀕死經驗的解釋不過是希冀死後仍有生存之心理或文化上的表達。依我看，瀕死經驗並非來生存在的明證，而是有來生此一可能性的暗示。來生的存在必須建基於哲學與神學的基礎上。無論瀕死經驗為來生有多少可作證據的價值，無庸置疑的是，它們乃相當普遍並對曾有過此經驗的人產生了深遠而正面的影響。

Q28 舊約對死亡與瀕死做過哪些表示？

　　有趣的是，以色列的鄰居（如埃及人）用精心的儀式來抵禦惡魔、魔鬼，與跟死亡有關的神，但此同時，古希伯來人卻把死亡看得相當稀鬆平常，就像是生命的尋常終點，尤其當死亡是降臨在某個已有足夠子嗣而年老的人身上（創二十五：8）。人類「與牲畜無異，同樣死亡」（詩篇四十九：12）。只有在時機還未成熟之時，以及當焦點由與上帝立盟約的國家的存亡轉至似乎會終止此一盟約關係之個人的存亡時，死亡才會成為問題。這使詩篇的作者們拒絕死亡的終極性，並肯定上帝有超越死亡的能力（詩篇十六；四十九；七十三）。

　　相較於討論死亡與瀕死的性質為何，舊約更感興趣的是其成因：死亡最初是怎麼來的？創世紀二至三章所給予的答案是：死亡乃是違背上帝的懲罰。然而，死亡作為對罪的懲罰並不在於生理上生命的終止（誠如以上所見，其在某種意義下是尋常的），而在於死後無法讚美上帝。讚美上帝是生命的記號；而不能這麼做就是死亡，儘管人還活著。這樣，很清楚的是，舊約不僅把死亡看作生理方面的行為（亦即「生命的終止」），更視為對罪的懲罰。

Q29

Q29 舊約對死後的生命有任何教導嗎？

　　在問題14的回答中我曾說過，除了在一些可能於西元兩世紀前寫成的較爲晚近的文本以外，舊約並未表達任何對於人死後仍生存的希望。在此我想進一步擴充此一說法。對希伯來人而言，死亡影響的是整個人——作爲不可分離的身體與精神的整體。舊約並不存在所謂分離原則的概念，好比說，靈魂在死時從身體的束縛中釋放出來，而離開身體繼續生存。死亡以後，整個人即下降至「冥府」（Sheol），死者的黑暗居所，陰間（通常被指稱爲「地獄」、「墳墓」，或「地府」）。

　　另一方面，在死亡時人並不只是歸於虛無而已。亡者——義人與惡人皆然——下降至冥府而繼續生存。但是，如此的生存已不再是生命，因爲在那兒人不能讚美上帝，且人已與上帝相分離。該狀態較像是睡眠或休息。

　　然而，爲義人作最終辯護的議題開始出現，例如在約伯記及傳道書當中即曾指出，義人並不總是在此生獲得他們所應得的。逐漸地，關於死後遭報應的觀念形成，其乃基於對上帝作爲生命之泉源的信仰、對上帝的正義的肯定，以及對人之不朽的模糊預感——誠如在希冀永遠有子嗣與好名聲的渴望中所示。復活的隱喻被採用（例如何六：1-2；結三十七；與賽二十四～二十七）。何西亞預測，上帝「兩天後必使我們復生，第三

天必使我們興起，生活在祂的慈顏下」。以西結展示一宏大的異象——散失的骸骨被上帝的氣息重新賦予生命，象徵著以色列國的重生。以賽亞向人民宣告：「你的亡者將再生，他們的屍體將要起立；睡在塵埃中的人們都要甦醒歌詠」（賽二十六：19）。這三樣文本仍可不被視為對來生的肯定，而是對上帝的信仰之隱喻——這位上帝乃生命之至上泉源，且永不厭倦於憂患中解救祂的子民。

唯有在但以理十二：1-3當中，我們有了第一筆對於復活之信仰的確實證據。就如我在問題18的回答裡所提到的，這文本乃於受安提阿哥四世依彼凡尼王迫害的時期（西元前175-164年）寫成。它提及了被選者的復活，義人進入永生（此一表達在聖經當中的第一次出現），其他人永遠蒙羞受辱。受苦和遭受迫害的義人的問題，以尖銳的形式出現，並成為對復活上帝——以此替義人洗刷冤情——之信仰的催化劑。再者，根據但以理十二：3，那引導多人歸於正義的賢明之士，將要永遠發光如同星辰。

另外兩樣屬於基督宗教舊約聖經而非希伯來聖經的文本，肯定了對來生的信仰，屆時，義人會在上帝內找著幸福。瑪加伯下——以希臘文寫成於西元前第二世紀後半——藉由七位青年及其母親的殉道故事，肯定義人於末日之復活（加下七：9，11，14，23；十四：46）。他們雖被人（亦即依彼凡尼王）的法庭處死，卻滿心期待上帝的至高法庭為其申冤。上帝所予之身體的復活，正是對於為惡人所摧毀之肉體的回應。再者，瑪加伯下肯定天上眾聖者為地上眾人的代禱，以及生者為亡者奉獻

祈禱與贖罪祭的力量（加下十二：39-46）。

　　亦以希臘文寫作的智慧篇，成於西元前第一世紀的亞歷山大，背叛了希臘式思想的影響。此處（智一：11；三：1）首度引進了psyche（靈魂）的概念，來指出對反於可毀敗的物質身體之人精神不朽的原則，儘管遍及此書皆未見「靈魂不朽」一語。再者，「不朽」（智三：4；四：1；八：13，17；十五：3）與「不死不滅」（智二：23；六：18），並未被顯示為人之天性內的自然本質，而是上帝給義人的恩賜，以及與智慧結合的果實（智六：18；八：13，17；十五：3）。最後，此書藉著宣稱：因魔鬼的嫉妒死亡才進入了世界，而重新詮釋了創世紀第三章（智二：24）。

　　總之，在舊約裡，關於死後生命的觀念有一發展：從信仰在陰府有死後之生存，到肯定死者的復活——至少是義人的復活。無論如何，到了新約的時代，對於死後生命就有了四種立場：(1)撒都該人相信，死亡時人即被全面地摧毀；(2)法利賽人相信在末日時有肉身的復活；(3)愛色尼派有靈魂不朽之教導；(4)昆蘭社群似乎認為沒有肉身的復活，但可能會有如同在天堂之天使般的存在方式。

Q30　新約對死亡有何說法？

　　新約作者對死亡與瀕死的說法，大部分都出於他們的猶太

教背景，而在耶穌之死亡與復活的觀點下作重新詮釋。因此，人終將一死（來九：27），除了以諾（創五：24；來十一：5）和以利亞（王下二：11）以外。唯有上帝是不死不滅的（提前六：16）。

死亡儘管是普遍的，且至少是對於自我的威脅，要予以痛苦而懼怖的摧毀；然而，死亡並非上帝對人原來的計畫，而是對罪的懲罰。「罪惡的工價乃是死」（羅六：23）。「就如罪惡藉著一人進入了世界，死亡藉著罪惡也進入了世界；這樣死亡就殃及了眾人，因為眾人都犯了罪」（羅五：12）。

然而，正如罪惡與死亡藉由一人——即亞當——進入了世界，而藉著一人——即基督，新亞當——的死亡與復活，赦罪、恩典和永生也愈格外豐富地洋溢到眾人身上（羅五：12-21）——保羅如是說。因此，基督的死亡摧毀了「那握有死亡的權勢者——魔鬼」（來二：14）；的確，基督藉著死亡而毀滅了死亡（提後一：10），「最後被毀滅的仇敵更是死亡」（林前十五：26）。基督不受死亡的控制（徒二：24），因此，基督現在是「生者和死者的主」（羅十四：9），而持有「死亡和陰府的鑰匙」（啟一：18）。

誠如我在問題12中的回答所言，基督既是我們復活與永生的肇因，也是典範。由此原則觀之，死亡本身也得以從耶穌復活的觀點來看。自以下事實可明顯看出：在新約裡使用nekros（死者）一詞的七十五處當中，其皆為動詞egeiro（喚醒）或anastasis（復活）的受詞。基督是為死者中的首生者（西一：18；啟一：5）。因著基督的死亡與復活，死亡現今得著了一正向的

意義。儘管不失其令人懼怕之處，但死亡現在得以是「利益」（腓一：21）；的確，如同保羅，基督徒甚至能夠渴求死亡：「我渴望求解脫而與基督同在一起」（腓一：23）。

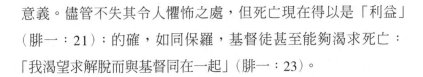

Q31 在死亡時，何事會臨及我？是否能說我的靈魂從我的身體分開了？

　　基督宗教的傳統通常將死亡描述成靈魂從身體分開的過程。天主教教義仍然使用這樣的語言（參見第1005，1016號）。就像任何神學語言，這種說法也深植於對現實的某種詮釋，而這些皆是基於柏拉圖哲學。柏拉圖（約西元前427-347年）的教導指出，就如精神相對於物質，人的靈魂也與身體是互異的，而被迫與之結合在一起。因此，在死亡時，靈魂從身體當中被釋放，一如自囚牢或監獄之中被釋放那樣。若靈魂與身體是以此種方式被理解（而無可否認地，柏拉圖哲學已對基督宗教的神學有了深遠的影響），那麼，對死亡的定義：「使靈魂與身體分離的過程。」也就是極度令人誤解而有違基督宗教的。

　　另一方面，若人在本質上被瞭解為「一個」整體，那麼這個定義即強而有力地凸顯出何以死亡如此令人深感懼怖，誠如恩尼斯特・貝克（Ernest Becker）在其著作《否認死亡》當中所精彩描述的那樣：死亡消解的是這個人本身，而不只是身體而已。不只是這個身體死亡，而是「我」這個人死亡。一如國際神學委員會所指出的：「死亡在本質上將人撕碎。的確，因為

人不僅是靈魂而已，身體和靈魂在本質上是結合在一起的，死亡影響的是整個人」（〈當前末世論中的一些神學問題〉，226）。

解釋人的本質的另一種方式，是借用希臘哲學家亞里斯多德（約西元前384-322年）哲學當中對於靈魂的論述，並同時將之修正，以適於保存基督宗教對來生的教訓。對亞里斯多德來說，靈魂是身體的「形式」，是人的本質要素，且不能獨立於身體而存在，正如身體若非靈魂「予以活力」，也不能獨立存在一樣。亞里斯多德並未以任何方式提供人死後仍生存的可能性。多瑪斯・阿奎那（1225-74）相反於亞里斯多德而主張，儘管靈魂有一朝向物質的本質性傾向，但死後仍能不實現其朝向物質的本質性傾向而暫時存在，直到最終在復活時與身體結合。此即所謂「分開了的靈魂」。

總之，「死亡使靈魂與身體分離」此一傳統描述，只要被用來支持以下兩項重要的真理——亦即，死亡影響的是整個人，並且，人的一項組成要素「靈魂」在死後仍然存在（靈魂的不朽）——就是正確的。

Q32 除了用這種方式描述死亡以外，還有任何其他與基督信仰互相一致的方式嗎？

拉納在其著作之一《論死亡的神學》當中指出，對死亡的傳統描述其中一項不當之處，即在於未將人的死亡與動植物的死亡作區分。植物或動物只是枯萎或腐敗，而作為精神性而富

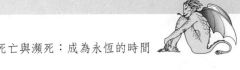

有自由的人，卻是死亡。野獸的死亡與人類相較起來，較不能稱作是死亡。當然，拉納並未否認死亡是發生在人身上的物理性行為，是自外在被強加給人的命運，是某種——以東尼‧凱利（Tony Kelly）有力的言詞來說——「最終的、疏離而暴力的、黑暗的、沈默的、醜惡的、卑瑣的、令人排斥的」東西（《接觸永恆》，68-69）。在此意義下，死亡是一個男人或女人必經之「自然歷程」，某種人類會經受的東西。

另一方面，誠如我在問題10的回答裡指出的，因為人們被賦予了自由，所以能作這樣或那樣的選擇。然而，更重要的是，經由這些選擇，人以一確切而決定性的方式塑造了自己的身分和命運。對拉納而言，瀕臨死亡——此一可含括瀕死經驗的過程——是人以終極而確切的方式，自由地集結或完成他（她）的自由抉擇而構成個人歷史之行動。當然，這個集結的行動乃貫穿一生，並且在其以自由作成的許多重要選擇當中，而且他的過去、現在和未來，亦藉此而聚集成為一個整體。但瀕臨死亡既是人最後的行動，也就特別是人「終極、確切而無可挽回地」決定其命運的行動。在此意義下，死亡乃一個人作為「人」所表達的行動，是人在自由中所表現出之某物。在瀕臨死亡時，人將其畢生所完成的一切帶至一確切的終點。瀕臨死亡是人類自由的特權時刻——在此，人有能力作成具永恆效力的決定。因此，死亡就其整體而言，既是自然的行動也是個人的行動，是熱情亦是行為，是毀滅又是自我保存。

瀕死與死亡還有另一面向有待強調。正如人主要是活在人與人的關係之間，亦即，人是由關係所構成，所以瀕臨死亡雖

爲個人的行動，但也具有關係性質。死亡時，人失去的不只是
生物性的生命，更重要的還有關係的網絡，以及滋潤個人物理
生命及精神生命的意義結構。此即何以所有的臨終照顧皆須注
意，勿讓人在孤絕的情境下死去，而要盡可能讓所愛的人環侍
其側，並伴以支持與祈禱。在此意義下，不朽就不只是個人的
靈魂獨立於身體繼續生存，而是個人繼續存在於過往生命中所
形成並予以滋潤的人際關係裡。

Q33

Q33 我能輕易地瞭解死亡何以是某種強加於我之某物。但
在瀕死時，人如何以自由來面對即將到來的死亡？

　　人是以終其一生，特別是在瀕死的時刻當中對死亡的態
度，來面對即將到來的死亡。面對死亡時，人可以採取以下兩
種姿態。一是逃開它，並試圖藉繁衍後代、名聲、權力與無數
的活動來否認它。誠如恩尼斯特・貝克所言：「沒有任何一物
像死亡的概念以及對之的恐懼，讓人如此耿耿於懷：它是人類
活動之主流 —— 人所設計的活動泰半乃用以逃避死亡的致命
性，並藉某種方式否認其爲人之最終命運而加以克服」（《否認
死亡》，ix）。

　　另一姿態則是自由而情願地接受一己之可朽，此即意謂接
受自我的限度與有限，並將此可朽的生命作爲一特殊的機會，
而藉著自由以確切而無可挽回的方式實現一己之生命，同時，
也將之作爲照亮一己存在當中之各樣事物的光明。如此之接

受，就不只是在理智上同意「人終將一死」這個抽象的命題。毋寧說，這樣的接受是具體表達在一種靈性的態度或生活的方式上，其特徵則為：對生命的贈禮心懷感恩；對於人能藉著自由塑造自身命運的責任，抱持認真的態度；接受自己的限度與軟弱；在面對疾病、老年，最終是死亡時，有謙虛的勇氣。

　　基督徒甚至能渴求死亡，但並非為要避免痛苦，而是將之作為與復活基督相聚——一如保羅所為（腓一：23），以及更深地浸潤在上帝的奧秘當中的途徑。當然，此一「死亡的神秘主義」，並不是要基督徒不好好照顧自己的身體，或要他們採取積極的步驟來加速自己的死亡。

　　也許此一神秘主義最佳的例子，可於聖方濟亞西西的創造讚歌裡找著，在此，他不僅是為生命的贈禮，更為了死亡的命運而感謝上帝：

> 為了我的姊妹「肉身死亡」，願我主受讚美，
> 因為沒有一個生存的人可逃脫她。
> 禍哉！那些在死罪中過世的人！
> 相反的，那些尋求您至聖旨意的人
> 是有福的
> 因為第二次的死亡不再使他們受害。

Q34

Q₃₄ 我如何準備自己以面對死亡？

　　人不只是在他生命的最後幾分鐘或幾天，當躺在臨終病床
或當不治之病肇始之時，才準備自己面對死亡。當然，這些時
刻攸關緊要，教會──如以下我們將看到的──以特殊的禮儀
和祈禱，來陪伴這些即將面臨死亡的人。對基督徒來說，準備
死亡是一生的功課，因為，人其實在生命的每一刻中都在死
亡。所謂「一生的事」乃自受洗時開始──在此，基督徒死
亡、被埋葬，並與基督在禮儀聖事中一同復活。死亡，即參與
基督的死亡，並死於罪惡，而既然肉體的死亡是罪的懲罰，那
麼，死於罪惡就已然是對於肉體死亡之準備及克勝。此一從死
亡到生命的歷程，也由其他的禮儀聖事所支持──特別是聖餐
聖事，以堅勵基督徒陪伴受苦和死亡的基督。

　　疾病與老年是死亡的威脅特別鄰近的時刻。教會用多樣性
的儀式陪伴生病和年老的人，以對之寄予安慰和愛。其亦鼓勵
對年老和健康情形不佳的人予以牧靈探訪；更希望他們有時常
領受聖餐的機會，而那些有死亡之虞者則常能領受臨終聖餐
禮；同時，為他們舉行和好禮儀及為病者的傅油禮儀；此外，
教會也為那些身受痛苦的人，舉行扶助臨終者之禮儀。

　　即將離世的基督徒完成了他或她的一生，將其以自由抉擇
所構成的生命歷史帶至一確切的終點，並為教會的祈禱所堅

勵：

親愛的弟兄（姊妹），我將你託付給全能的上帝，造你的上帝。願你回到造物主那裡時，聖母瑪利亞、天使以及諸位聖人聖女前來歡迎你。願為你被釘的基督救援你，願代你受死的基督拯救你，願生活的上帝之子基督，安置你在祂的樂園裡，願真實的善牧承認你屬於祂的羊群。願祂赦免你一切罪過，安置你在被選的行列中。願你將面對面地看到你的救主，獲得永遠享見上帝的幸福。阿們。（「扶助臨終者經文」，天主教會的禮儀，625-260）

當然，基督徒為死亡所作的準備並不僅限於舉行聖事；其整個生命皆在為死亡作準備。拉納將此準備作了一個極佳的摘要：「基督徒的警醒，對最終事物念念不忘，等待救主，為祂的鄰近而歡欣，受造物渴望獲救贖、肉身受光榮——其甚或已於此世展開；凡此種種，乃藉克己的生活，經由一緩慢的過程，去接近天堂之理想，以及免於色欲貪欲的自由之理想」（《論死亡的神學》，72）。

Q35　如果以這種方式為死亡做準備，我們是否就能免除對死亡的恐懼？

並不盡然。信仰與希望或能減輕我們對死亡的恐懼，但它們絕不能將之移除。儘管是為禮儀聖事所堅勵並伴以信仰團體

的祈禱，基督徒仍然是在恐懼和顫怖中面對他或她生命的最後
一刻。不像蘇格拉底那樣，以哲學家的鎮定喝著毒酒，冷靜地
談論靈魂的不朽，耶穌是在痛苦中面對祂的死亡，甚至流下了
血汗，祈求祂的父給祂免去這杯，唯若父的意願亦然。在十字
架上，祂經驗到死亡乃是極度的孤獨並被神所遺棄：「我的上
帝，我的上帝，你為什麼捨棄了我？」（可十五：34）。即便是
在如此空虛和無力的感覺裡頭，耶穌仍是在十足的接納死亡，
及順服於天父的愛的情況之下，面對眼前迫近的死亡：「父
啊！我把我的靈魂交托在你手中。」（路二十三：46）

　　基督徒──「死於基督內的人」（帖前四：16；林前十五：
18），亦同樣經歷這衝突的經驗：與上帝既疏遠又鄰近，既富懷
疑又有信心，雖絕望但亦有希望，一面反抗地叛離卻又滿懷愛
地順服。藉由上帝的恩典，死亡──原是對罪的懲罰──也能
成為恩典與救贖的事件。一如基督的死亡，我們的死亡也能是
在信、望、愛之中，對奧秘自我降服的最後行動──儘管是絕
對的黑暗；而對此奧秘，我們已將一生交託其上，並承認祂是
慈愛、寬恕與接納的上帝。終其一生，我們為愛而冒險，死亡
則是這種種冒險行動當中的最終一樣。

Q36　天主教許可將屍體燒成骨灰嗎？

在一九六三年以前，火化屍體以作為一種埋葬方式，是被

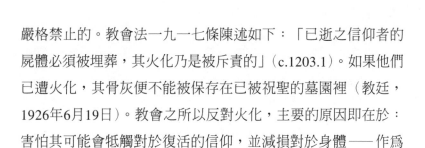

嚴格禁止的。教會法一九一七條陳述如下：「已逝之信仰者的屍體必須被埋葬，其火化乃是被斥責的」（c.1203.1）。如果他們已遭火化，其骨灰便不能被保存在已被祝聖的墓園裡（教廷，1926年6月19日）。教會之所以反對火化，主要的原因即在於：害怕其可能會牴觸對於復活的信仰，並減損對於身體——作為基督奧體之一員和聖神的殿——的崇敬。

　　一九六三年五月八日，教廷修正了禁止火化的法令。過去，只有在瘟疫、自然災難，或其他嚴重的公共需要等情況下，火化才是許可的。現在，如能提出正當的理由，即可火化，唯此要求並非基於對基督信仰的否定或對天主教會的仇恨。

　　教會法一九八三條推薦土葬，但許可火化，只要後者並不否認對於復活身體的信仰（c.1176.3）。天主教教理教導我們，對亡者遺體應以尊敬和愛德看待，同時也提醒我們，埋葬死者是一件對身體的慈悲工作（第2300號）。

第四章
從死亡到復活：居間之境

Q37 在我死亡以後，何事會即刻發生？

　　我在前一章論及死亡的意義時，曾經一再強調一個重點：在瀕死時，我們以一「決定性、不可挽回且無可逆轉」的方式，決定了我們的最終命運。天主教教理有言：「死亡是人在世旅途的終結，也是恩寵與慈愛的在世期限屆滿，這恩寵與慈愛是上帝施予人，為使人能按照上帝的計畫去實現他現世的生命和決定他的終局」（第1012號）。

　　這樣說來，死亡就不僅只是物質生命的結束，而主要是「個人」歷史的終結。不論在死後等待我們的是什麼，都不會是在另一世界無盡地延續我們的現世生命，或進入一個相似於此生的生命。毋寧說，在死亡時，我們進入永恆（參見問題9與問題10的回答），不再能夠改變我們生時及最終在瀕死時所做的決定──贊成或反對上帝。

Q38 你的意思是說，並沒有輪迴的可能性？

　　對輪迴的信念──近來因新時代運動之故而在美國流行起來──乃主張：靈魂不斷地輪迴轉生，直到被完全淨化以後，

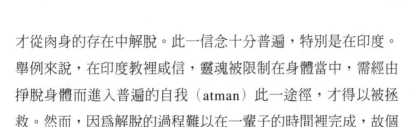

才從肉身的存在中解脫。此一信念十分普遍，特別是在印度。舉例來說，在印度教裡咸信，靈魂被限制在身體當中，需經由掙脫身體而進入普遍的自我（atman）此一途徑，才得以被拯救。然而，因為解脫的過程難以在一輩子的時間裡完成，故個體被賦予了自身所需要的機會（輪迴轉生）來達成這個目標。

於是，每人皆被指派到某一社會階層（種姓階級）以度完此生，而在此生是沒有往上一階級移動的可能性的。個人如何在該階層（dharma）完成此生被賦予的社會宗教責任，則決定了他或她下一生要轉生之階級的高低。根據個人的行為（業[karma]）而決定的這個賞罰過程，乃是毫不留情的。在一次次輪迴當中，肉體毀敗，而含有每一生記憶之永恆的精神性實在（jiva）則存留下來，不斷被投生到不同的肉體，直到入於解脫之境（moksha）。到那時，其與普遍的自我成為一體，即與大梵天（Brahman）——永恆絕對之實在——同一。

佛教接受修正了的輪迴說，而拒絕了印度教的種姓階級概念，主張沒有所謂的靈魂（無我[anatta]）及永遠的自我（無常[anicca]）。在死亡時，自我——並非一整體，而不過是諸「成分」（skandhas）的聚合——瓦解成為各組成要素。但業——亦即行為及其後果——決定了個人的命運，而業境（而非靈魂）未達解脫之境者，則會再生為神、人、動物、鬼或墮入地獄。

支持輪迴之說者常會引用某些論據，如某些宣稱自己在較古老年代活過而有前生記憶者，會說自己並不知道的某種語言的人，所謂輪迴轉生者出現與已逝者相符的胎記，以及孩子有與已逝者一致的性格。聖公會神學家紀德·麥克貴格（Geddes

MacGregor）在著作《基督宗教中的輪迴觀》當中，甚至嘗試採用聖經文本來支持輪迴的信條。

反對輪迴一說者則指出，所謂輪迴的現象其實能以被惡靈或已逝者附身來解釋（例如蓋瑞‧哈柏馬斯與摩爾蘭之著作，《不朽：死亡的另一邊》，123-26）。漢斯‧昆（Hans Küng）在仔細衡量贊成與反對輪迴說的各種爭論後，作了如下結論：「……在任何情況下都不能說輪迴的信條已被證實。事實上，儘管它極引人入勝，但仍存在相當有分量的論證反對輪迴之說，且不容忽視；同時，值得注意的是，受過教育的印度人、中國人與日本人，也常常對輪迴的概念表現出相當程度的懷疑。」（《永生？》64）

天主教會的教導向來反對輪迴之說。天主教教理指出，沒有死後「再投胎」的事（參見第1013號）。國際神學會議最近的一份文件主張，輪迴的信條乃「對反於聖經及教會傳統的異教信仰之子，且向來為基督信仰與神學所峻拒」（〈當前末世論中的一些神學問題〉，232-33）。

教會拒絕輪迴信條的一些理由如下。首先，其似乎否認了地獄的可能性，因為，經由不斷的轉生，所有人終究都會得救；其次，它似乎否認了救贖的道理，因其主張個人的得救乃藉由個人的道德努力，而非關上帝的恩典；第三，其似乎減低了人類自由的嚴肅性，因為人在此生的決定總是能被修改；第四，它似乎否認了復活，因為輪迴並不涉及人原有的身體。

Q39

Q39 既然並無輪迴的可能性，那麼在我死後，我會直接進天堂（或者下地獄──但願不會發生這樣的事！），還是我必須等待，直到世界末日呢？

　　你的問題帶出一樣有趣的歷史事實。一二七四年，教宗葛利果十世（Gregory X）為使拉丁與希臘教會兩方重聚而召開的里昂第二次大公會議之第四會期中，宣讀了教宗克雷蒙四世（Clement IV）在一二六七年提交給巴盧奧古皇帝（Michael Ⅷ Palaeologus）的信仰宣言。此一會前文件，在會議中既未討論亦未宣布，即包含了兩項末世論方面的教訓：其中之一乃有關於煉獄，另一則包括了你剛提出之問題的回答。

　　希臘教會否認了死後「立即」享有榮福直觀（beatific vision）的可能性，而主張僅有在末日復活時其才成為可能。然而，所謂巴盧奧古的信仰宣言則明言：「對那些已受聖洗而未受罪之玷污者的靈魂，以及那些雖染罪污而已滌淨者的靈魂，不論是仍存於肉身之內或已被奪去了肉身……，都被直接（mox）接引至天堂。至於那些死於死罪或帶有原罪者的靈魂，則會直入（mox）地獄（infernum）被懲罰，但會以不同的形式受罰」（《基督信仰》，18）。

　　一三三一年，教宗若望二十二世（John XXII）（1249-1334）在其於巴黎所展開之一系列講道當中提出：真福者在死後即刻享見的只是基督受光榮的人性，而直到最後審判時他們才得以

享見至聖聖三。次年，他指出受詛咒者所受的懲罰，亦為一相似的漸進性歷程。他的教導為方濟會士所支持，但卻被巴黎大學的道明會籍教授極力反對。若望二十二世自己曾說，如果他的意見被證明有違教會信仰的話，他會隨時準備好將之放棄。他甚至能在死亡前夕撤回他的教導。其繼位者教宗本篤十二世（Benedict XII）於一三三六年頒布了一憲章「讚美上帝」（Benedictus Deus），重新肯定關於死後「立即」受懲罰的傳統教導，在末日復活及最後審判之前，靈魂若非直入天堂就是在地獄受懲罰。

同樣的教導於一四三九年佛羅倫斯的大公會議中重新被肯定。在這個另一次嘗試與希臘教會重新聯合（但未成功）之會議中，亦採取了里昂大公會議所使用的同樣詞彙。今日，大多數神學家會說，死者在死後即刻與上帝同在享受永福，或因與上帝分離而痛苦。甚至其中一些神學家還會加入這樣的看法：享福樂或受懲罰一直要到世界終結、死者復活之時才會完全。

Q40 當我們討論聖經的末世論時，已看見聖經是肯定死後有生命此一信念的。同時，聖經亦肯定「在末日」的復活（如約六：39，40，44，54），以及「在末日」的審判（如約十二：48）。這是否意味著在我的死亡與復活之間有一段時間，其間我要不就是與上帝同在享受永福，或者在地獄中受懲罰？

你所指出的這段時間被稱為是「居間之境」（intermediate

state）。此乃「分離的靈魂」等待復活而獨立於身體存在的「時間」。這是傳統末世論描述靈魂存在之形式時所採用的方法。我將時間一詞放入引號是因為，對已逝且進入永恆的人而言，嚴格說來已不再有時間。支持所謂居間之境的論點，包括了人是由身體和靈魂所組成的這個觀點，一如馬太福音第十章：28所隱含的：「你們不要害怕那殺害肉身，而不能殺害靈魂的；但更要害怕那能使靈魂和肉身陷於地獄中的。」這樣的人類學會伴隨的想法即是，靈魂在死後仍會生存下來，並等待「在適當的時刻」復活——其被肯定為一「在末日」的未來事件。

一出自教義會議之文件——〈死後生命的實在〉（1979）肯定：「死亡以後一精神性的要素仍存續下來，其被賦予了意識及意志，而使『人的自我』得以維持並延續。為指出此一要素，教會選用了『靈魂』這個在聖經及傳統中廣為使用的詞」（第4號）。這是刊在《羅馬觀察報》（*Osservatore Romano*）（1979年7月23日，頁7-8）的一段文字。然而，在官方的*Acta Apostolicae Sedis*上刊出的文本，在「使『人的自我』得以維持並延續」之後，加上了「但在此中介時刻身體乃付之闕如」（interim tamen complemento sui corporis carens）這段話。

加上這段話似乎是為了要再次肯定對居間之境的信念，而在第一段文本當中，有關居間之境的問題則是開放的。然而，居間之境的存在，已在前述之國際神學會議最近的一份文件「當前末世論中的一些問題」當中，作了嚴格的辯護。

Q41

Q41 我仍然覺得很難想像居間之境的存在是什麼樣子。你能告訴我當代的神學家對此有何看法？

　　由教會教導的正統文件來看，很清楚的是，分離的靈魂──引用教宗本篤十二世的憲章「讚美上帝」（Benedictus Deus）來說：「在再次取得身體以及末日審判之前，一直是與基督同在天堂，且在天堂樂園裡與天使們為伍」（《基督信仰》，685）。這些靈魂可說是享見了上帝，並為「真正有福、獲得永生而安息」的一群。另一方面，因為他們仍離開身體而存在，但他們實為身體的「形式」（參見問題31的回答），故據多瑪斯的看法，這些靈魂是活於一種「不自然」的存在裡頭。回想一下：對多瑪斯而言，身體與人的靈魂合一才構成一個人。因此，離開身體的靈魂就不是人了；其無法像在此生當中一樣思考及行動。或者嚴格來說，我們也可再加上，一個死亡的身體就不是身體了；甚至可說是「屍體」或「死屍」。身體與靈魂的分離雖不可避免，但對任一方而言，都不是自然的。所以，多瑪斯寫道：「很顯然的，靈魂乃自然地與身體結合在一起，但自後者分開時即有違其天性而成了偶有之物（per accidens）。職是之故，與身體割離的靈魂，因其缺乏身體，是不完美的」（論哥林多前書[Super primam epistolam ad Corinthios]，c.15，lectio 2，n.924）。的確，多瑪斯是用與身體分開的靈魂之不完全性，來論證復活的必要性。

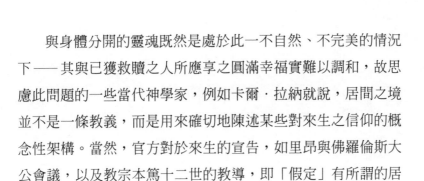

　　與身體分開的靈魂既然是處於此一不自然、不完美的情況下——其與已獲救贖之人所應享之圓滿幸福實難以調和，故思慮此問題的一些當代神學家，例如卡爾·拉納就說，居間之境並不是一條教義，而是用來確切地陳述某些對來生之信仰的概念性架構。當然，官方對於來生的宣告，如里昂與佛羅倫斯大公會議，以及教宗本篤十二世的教導，即「假定」有所謂的居間之境。然而，問題在於他們是否「有意」將居間之境定義為信仰的基本信理。

　　某些神學家認為他們並無此意；這些教導清楚地是與死後的立即賞罰有關，而無關乎所謂的居間之境。誠如拉納所指出的：

　　　基本上，我想作如下之主張：有關居間之境的信理不過是智性上的架構或思考方式。因此，無論它給我們傳達什麼訊息（除了關於藉由個人歷史之最終形式的死亡而開始新生，以及在此最終形式中身體的內含等陳述），都不盡需要成為基督信仰末世論的一部分。我們也許可以另一種角度來思考：沒有人會因為堅持人在「身體」與「靈魂」上唯一而全面的圓滿是在死後立即發生，並因主張肉身之復活及公審判是發生在此世歷史之終結，且認為兩者皆與總體的個別審判同時發生，而有陷入異端之嫌。（〈居間之境〉，《神學研究》, 17:14-15）

Q42

Q42 即使居間之境不是信仰的道理，仍有教訓指出每一個人在死後都會被上帝審判。關於「個別審判」，教會有什麼教導？

在舊約裡，上帝常顯示為「審判全地的主」（創十八：25），以及更為一般性的面貌：「公義的上帝」（瑪拉基二：17）。如我們在第二章所見，先知與默示論者宣告了「耶和華的日子」或「審判之日」──屆時上帝將審判以色列與諸邦國。在新約當中，耶穌整個教訓皆指向一臨近的審判（可一：15；九：1），而耶穌自己被稱作是末世的審判者（太七：22；十三：41；十六：27；二十五：31-46）。後來我們還要回到最後審判這個主題上。

在此我們談論的是所謂「個別審判」，或死後個人立即的審判。有趣的是，在舊約中從未有任何一處提及個人死後立即為上帝予以個別、最終而決定性的審判。神聖的審判與報復大多是以此世的成功、長壽及多子多孫來衡量的。我們所能確立的，就只有死後個人審判的這個信仰首先是由默示性作品以諾書一所證明。該書中記載，義人確信天堂之門將為之而開，且他們將是天使的同伴（第一○四章）。同樣地，新約在任何地方亦未「明顯地」教導每人死後都有個別審判。充其量只能說，這樣的審判，是隱含在對於「個人永恆的命運乃由其行動決定」此一信念當中。

早期的基督徒作家之一——奧古斯丁（354-430），明顯地提及了靈魂在離開身體之後即受審判，並且把此一審判與復活時的最後審判作區分。天主教教理也肯定，每個人在死亡的時刻都有個別審判，其後，人或者直接地進入天堂的榮福（如有必要會經歷一個煉淨期），或者直接自我判罪、墮入永罰（參見第1022號）。

Q43　此一個別審判如何進行？

　　在此，我們應小心避免各種對於個別審判的流俗描繪，如：某一審判場景，其中有檢方與辯護律師（亦即，撒旦與其同夥，以及在另一方的天使和聖人）在公正無私的法官（上帝）面前，爭論著被告（即已逝者，其一切言行都已被記錄在生死簿上）的得失。在某些繪畫裡頭，靈魂的善行與惡行被擺在天平上，而若其惡行的一端較重，撒旦就興高采烈地將牠的被害人推入燃燒的熔爐中。

　　在神學上，個別審判應於瀕臨死亡的脈絡下來瞭解。如同我們在上一章所見，對人來說，瀕臨死亡本身主要即是個人將其一生帶至一最終、決定性而無可挽回之終點的行為。在瀕臨死亡時，人以自由表達出面對上帝的確切立場，這個立場是他（或她）終其一生所採取的，但現已在瀕臨死亡時個人最終的行動當中總結，而成為無可挽回的。於此同時，其實人即「審判」

了他（或她）自己。當然，在這一生裡，每當我們深入良心並衡量自己的動機和行為時，我們就是在審判自己。但在這些審判裡頭，我們可能被激情與偏誤給欺騙和遮蔽了。然而，在瀕臨死亡時，諸如此類的錯誤與自我欺騙的可能性，已不再是可能的，因為人已面對面地來到上帝面前。人在上帝面前所做的任何決定，上帝都准允之，並以此種方式「審判」之。在此審判當中，上帝亦使人明瞭他（或她）在一生當中的所作所為，以及與之相符的永恆命運。

Q44　如果一人並非死於「大罪」，而是死於「小罪」，那麼，會有什麼事發生在他身上？

你這個問題的答覆乃隱含在煉獄的教理當中。天主教教理當中有言：「那些死在天主的恩寵和友誼中的，但尚未完全淨化的人，雖然他們的永遠得救已確定，可是在死後仍須經過煉淨，為得到必須的聖德，進入天堂的福樂中。教會稱被選者最後的煉淨為『煉獄』（Purgatory），那絕不可與被判入地獄者的處罰相比」（第1030-31號）。

眾所皆知，聖經當中並不能找到『明顯』的煉獄的教理。兩樣常被引用來作證據的主要文本，亦即瑪加伯下第十二章：38-46，以及哥林多前書第三章：11-15，已不再被當代釋經學視為是證明。在瑪加伯下當中，相關的段落是：猶大替一些為求保護而配帶了法律所禁止配帶之符籙的陣亡士兵，募集款項，

然後送到耶路撒冷作贖罪祭的獻儀。故有人主張「他為亡者獻贖罪祭，是為叫他們獲得罪赦」一說，似乎指出了對煉獄的信仰。哥林多前書第三章：11-15肯定各人的工程將來總必顯露出來，並且「要在火中出現，這火要試驗各人的工程怎樣。誰在那根基上所建築的工程，若存得住，他必要獲得賞報；但誰的工程若被焚毀了，他就要受到損失，他自己固然可得救，可是仍像從火中經過的一樣」。這火被認為是煉獄之火。至於新約文本中被引用來支持煉獄教導的另兩處，參見馬太福音第五章：26與第十二章：32。

雖然煉獄的教理不能在聖經當中明顯地被找著，但其確定地隱含在教會為死者的祈禱裡頭。回想在問題13當中談到有關「祈禱的法則建立起信仰的法則」之說。在「巴盧奧古的信仰宣言」裡曾提到，煉獄和「仍活著的信仰者的代禱行動（suffragia），亦即彌撒、祈禱、奉獻及其他虔敬的行為」（《基督信仰》，18）之間的關聯性。我們還可以在代禱行動之列中再加上赦罪。此一同樣的關聯性也被佛羅倫斯大公會議與天特大公會議（Council of Trent）所肯定。

天特大公會議中的一段文件，即一五六三年針對煉獄所制定的一項頒令，在此值得全部摘錄下來，因其兼具教義上的平衡與牧靈上的謹慎：

> 天主教會，為聖神所教導且與聖經及教父之古代傳統相一致，在神聖的會議與最近的大公會議皆有如是之教導：確有煉獄之實，同時，在那兒拘留的靈魂乃為信仰者

的代禱（suffragia），特別是彌撒獻祭所扶助。因此，本次
神聖會議命令各地主教，勤勉地宣揚此端由歷任教宗與神
聖會議所傳下來之健全的煉獄信理，使其為信仰者所承
行，並在各處堅持、教導與宣揚。但讓那些無益於啟發人
心，且大部分無助於增長虔敬之較困難而細微的問題，被
排除在為未受教育之百姓的一般講道以外。同樣地，他們
不應容許可疑而充滿錯謬的意見到處散播與暴露。至於那
些屬於好奇、迷信領域，或帶有不名譽利益的事物，他們
應該斥之為有害信仰者的不良表率，而加以禁絕（《基督信
仰》，687）。

Q45 煉獄是個地方嗎？一個人必須在那兒待多久？

　　為回答這個問題，我們應避免天特大公會議所說「那些屬
於好奇或迷信的事物」。一般而言，煉獄向來被刻劃成某個介於
天堂和地獄之間的「地方」，同時，待在煉獄的時間亦為關心之
焦點所在。西班牙道明會神學家多明尼克・索多（Dominic
Soto, 1494-1550），以及西班牙耶穌會神學家馬東那多（Juan
Maldonado）更大膽地以為，沒有人會在煉獄待超過十年！教會
的慣例則向來是以確切的天數來計算小赦（partial indulgence）。
　　與其把煉獄說成是某個地方，當代神學寧願將之視為一個
「過程」（因此，用「煉淨」比煉獄來得更為恰當）。的確，那就

是早期教會與東方教會通常使用的語言。直到二十世紀的晚近，煉獄才被當成是個地方（參見傑克‧勒高福[Jacques Le Goff]，《煉獄的誕生》）。再者，此一煉淨的過程較不被看做是爲罪的補贖或懲罰，而是成熟與靈性成長的過程。

這個成熟的過程，被拉納描述爲「個人藉此漸進過程而使其所有能力慢慢整合爲一自由個體的基本抉擇」（〈論赦罪的神學〉，《神學研究》，2:197）。人類是一種多層面的實在；當他們回到上帝那兒去的時候，其人格最深內的中心就即刻能被上帝的恩寵所治癒，但對於生理、心理，以及靈性層面的療癒過程，卻也能是一逐漸而痛苦的轉化歷程。此一成熟的過程即是所謂的煉獄。

至於待在煉獄的「時間」，仍有些神學家主張較短或較長的「停留期間」之說（例如艾德蒙‧福特曼[Edmund Fortman]，《死後的永生》，138）。然而，大多數的神學家因明瞭言及死後時間之困難，故皆偏好說煉獄是個過程——其發生在死亡瞬間，而個人乃在此刻以最爲深刻且決定性的方式與上帝會遇。此一會遇可被理解成我們的「煉淨之火」，一個引致不同程度痛苦之自我淨化與自我整合的瞬間（參見包羅斯[Ladislaus Boros]，《死亡的奧秘》，135）。拉辛格（Joseph Ratzinger）拒絕以時間長短來把煉獄量化。他寧願把煉獄看成是「內在之必要的轉化過程，藉此人得以肖似基督，肖似上帝，因而得與整個聖者的團契結合」（《末世論：死亡與永生》，230）。

總之，正如澳洲神學家東尼‧凱利（Tony Kelly）所言：煉獄是「與基督決定性的會遇」，「順服那被釘在十字架上的」，

「出於愛而受苦」並「進入眞正慈悲的存在」(《接觸永恆》，168-72)。

Q46

> Q46 近來，對於古聖所 (limbo) 我未曾再聽說過什麼。究竟有沒有這樣的東西？

　　你說的很對。最近，包括天主教教理在內的官方性文件，都未曾提及「古聖所」。傳統的作法，是將祖先的古聖所與嬰兒的古聖所區分開來。前者指的是像陰府這樣的所在，而爲那些在基督以前死亡的人之去處，基督則在死亡以後下降該處拯救他們。後者指的則是死於原罪但未犯任何個人之罪的嬰兒死後的去處。由於這些嬰兒自身並未犯罪，故不會下地獄（雖然奧古斯丁相信他們是會下地獄的）。另一方面，由於原罪，他們並不能直登天堂。所以，古聖所就是爲其設計之所在，在那兒，他們享有「自然狀態下」的快樂，但卻被剝奪了享見上帝之榮福直觀。自從當代神學爲這些死於原罪但未犯個人之罪的嬰兒，找著了獲得永恆救贖（或無法享有之）的解釋途徑，久而久之，古聖所的目的也就被人遺忘了。

第五章

天堂與地獄：
與上帝同在或與之相分離

Q47

Q47　據說在死後（或經過必要的煉淨過程之後），一個人
獲享永福或遭受永罰。天堂與地獄真的是我們唯有的
兩種選擇？

　　在嚴格的意義下，這個問題的答覆是肯定的，因為古聖所的
假設不再是必要的；同時，煉獄只是暫時的過程。然而，重要的
是取消以下的誤解：亦即天堂與地獄乃供我們選擇的兩樣東西，
彷彿上帝為我們生命旅途的終站只設下這兩樣選擇。由聖經裡我
們可清楚地看到，上帝的唯一旨意就是：一切人得救，沒有任何
人喪亡。舉例來說，我們在提摩太前書中讀到：「這原是美好
的，並在我們的救主上帝面前是蒙受悅納的，因為祂願意所有的
人都得救，並得以認識真理」（提前二：3-4）。約翰福音提供了
另一個例子：「派遣我來者的旨意就是：凡祂交給我的，叫我連
一個也不失掉，而且在末日還要使他復活」（約六：39）。

　　在當代天主教神學家之中，卡爾・拉納及巴爾塔薩（Hans
Urs von Balthasar）一直即主張，得恩寵勝過罪惡，上帝的救贖
凌駕於永罰。拉納主張：「原則上，在基督宗教末世論當中只
有『一種』命定論（predestination）會被言及。它僅包含『一個』
主題而足具代表性意義：恩典在圓滿的救贖中的勝利」（《神學
研究》，4：340）。巴爾塔薩指出，介於人的罪惡的可能性與現
實性，以及上帝更偉大的恩寵與愛之間，存在著一種「不對稱
性」《神學戲劇學》，4：246-7）。

職是之故，關於天堂與地獄兩樣陳述之間是不相稱的。言及天堂時，我們必得將之視爲現實性，而談到地獄時，則以「可能性」待之。儘管地獄的可能性是實在的——首先是對我而言，接著可能對其他人亦然，但聖經及教會傳統皆未宣稱過有任何人曾經失落或將永遠喪亡；然而，另一方面，天主教會曾宣告某些人已確定得救，並推薦世人尊敬他們（冊封聖人）。此即爲何在末世論當中，我們說天堂是上帝願意一切人歸向之處，而地獄則最多只能是人之拒絕天堂。

Q48 關於作爲義人永恆命運的天堂，聖經有何說法？

　　當想像力試著要描述人心所渴望的終極幸福時，便碰到了自身的極限。天堂除了被用來指涉覆蓋在地球之上的穹蒼——一個中空的球形天體，其上並存在著天上之海，聖經還用天堂來指涉上帝的居所（王上八：30；詩二：4；可十一：25；太五：16；路十一：13；啓二十一：2）、天使的居所（創二十一：17；路二：15；來十二：22；啓一：4）、基督的居所（可十六：19；徒一：9-11；弗四：10；來四：14），以及天上義人的居所（可十：21；腓三：20；來十二：22-24）。

　　至於人在此居所獲享之救贖與圓滿，聖經以爲數甚多的表達來描述之：永生、受讚揚、不死、不朽、光明、和平、與萬物及宇宙和諧、筵席、婚宴、歸鄉、以上帝爲王、享見上帝、

與三位一體重聚、與基督重逢、與天使及聖者合一。

　　天堂代表了新樂園、天界的聖殿、新耶路撒冷、眞正的家鄉、上帝的國度。經由所有這些意象（images），聖經很清楚地是在探索「眼所未見、耳所未聞的，人心所未想到的，以及上帝爲愛祂的人所準備的」（林前二：9；賽六十四：3）。

　　一般說來，誠如科林・麥克丹尼（Colleen McDannell）與伯恩哈爾德・藍（Bernhard Lang）所指出的，在猶太─基督宗教神學、虔敬的文學，以及藝術當中，天堂或樂園之意象具體地表現了兩個基本的主題：天堂乃作爲與上帝親密結合與默觀上帝的所在（「以神學爲中心」的觀點），以及天堂作爲與配偶、孩子、親戚，與朋友重聚之所在（「以人爲中心」的觀點）。此二觀點傳遞了以下訊息：天堂是滿全人心最深刻渴望──和平、安息、安全、保護、美好，以及與上帝和所有受造物維繫深摯情誼──之所在（《天堂：一個歷史觀》）。

Q49 在眾多天堂的意象當中，是否有任何一個在基督信仰神學裡堪當首位？

　　在西方神學當中，看見上帝這個隱喻似乎居於首要地位。聖經確實以看見上帝爲人存在之終極幸福。馬太福音五：8稱「心靈潔淨（清心）的人」是有福的，因爲他們將「看見上帝」。在約翰一書三章二節裡有此承諾：當我們的將來被顯明時，我們必要相似祂，「因爲我們要看見祂實在怎樣」。然而，看見上帝之

為終極幸福，乃是基於保羅的言詞：「我們現在是藉著鏡子觀看，模糊不清，到那時，就要面對面的觀看了」（林前十三：12）。藉著信仰與聖神的恩賜，我們現在得擁有「在鏡中」模糊不清的觀看，以及對上帝局部的知識，然而，在末日時，我們擁有的將是圓滿的「面對面」的觀看，和對上帝完全的知識。

　　天主教會的訓導與神學把保羅「面對面觀看上帝」此一觀點作了進一步發展，以之描述我們在天堂時對上帝的知識，並將之指稱為「榮福直觀」（beatific vision）。教宗本篤十二世的憲章「讚美上帝」（1336）有言：「因著主耶穌基督的受難和死亡，這些靈魂（亦即真福者）已享見神聖的本質，並以直覺的視見，甚至面對面、不藉任何受造物以物體的視見作媒介，看見神聖的本質；相反地，神聖的本質立即將自身顯示給他們，直接地，清晰地，毫不保留地（nude, clare, et aperte），而在此視見中他們獲享神聖的本質」（《基督信仰》，685）。天主教教理也採取這種視覺的隱喻，以描述永恆的福樂（參見第1028號）。

Q50　關於天主教會訓導將天堂視為「榮福直觀」，亦即，藉由「直覺」而「直接地、清晰地、毫無保留地」看見「神聖的本質」此說法，我覺得相當冷漠和抽象。你能不能解釋所謂「榮福直觀」意指為何，又其如何發生？

　　首先，「視覺」在此是以類比的方式來運用的，所指並非經由肉眼看見這樣的物理性行為（神，作為精神性的存在，自

是無法以此種方式得見），而是智性上的知識。所有人類的知識，即便是最爲抽象和普遍的類型，亦起自外在感官經驗與想像力。比方說，要認識人的本性爲何，在我們對某個人形成一特定具體之「圖像」以前，我們必須看見、觸摸、聽見，並嗅到這個人。從這個圖像，我們對於人性才得構想出一普遍抽象的「概念」。當然，最終被認識的是人性，而非對人性的「圖像」與「概念」──兩者只是讓人性得以被認識的客觀「媒介」（media）。

若我們對物理世界──相稱於我們的心智──的知識確實是經由上述歷程而發生，那麼，我們對神──無限地超越我們認知能力──的知識便更是如此。在此世，所有我們對於神的知識和語言，無論經由我們的理智或在信仰中憑藉神聖的啓示而獲得，主要都是「類比性」（analogous）的。其起自我們對受造物之經驗，並藉由圖像與象徵形塑出來。用保羅的話來說，我們是「藉著鏡子觀看，模糊不清」。我們對上帝的知識起於對此世我們所發現的完美之「肯定」（如，上帝是善）。然後，對上帝的眞實知識，需要我們在上帝內「否定」在現世實踐完美時的一切限制（如，上帝之爲善並非如同我父親之爲善）。最後，對於上帝的知識將要求我們把所予上帝之完美屬性高舉至無限的程度（如，上帝乃無限美善）。

或者，我們可說在我父親與其有限之善之間，以及上帝與其無限之善之間，有類比性或成正比例的關係。又因爲我們終究無法瞭解「無限之善」自身的意義爲何，而只能明白無限之善不是什麼，也就是說，其並非有限，我們結結巴巴地以象徵

與圖像說出我們對上帝的知識，而最後必要在上帝前以滿懷祈禱的沈默作終。

此一對上帝的知識，儘管片面而以世物爲媒介，卻是眞實的。然而，其雖然眞實，人心仍渴望另一種對上帝的完美知識。這種對上帝的知識，是在上帝內認識上帝，是直接的「直覺」，不以受造物爲媒介，而「立即」且「直接」地爲上帝所給予。因爲人心乃有限而無法承受這立即性的直覺，其容受的能力，必要爲上帝對其自身知識的恩賜所擴充。基督宗教的神學稱這樣恩典爲「榮耀之光」（light of glory）。在擁有這「榮福直觀」的同時，天上聖徒享有終極的至福（bliss）。

榮福直觀的概念在人獲得知識之理論架構（知識論）——即受多瑪斯・阿奎那所支持的系統——裡，是有意義的。但當你說它在描述人心最深之渴望的實現時顯得冷漠與抽象，你無疑是有道理的，因爲人心渴望的不僅是對上帝有立即性的知識（即由榮福直觀此一概念所表達之種種），還有與三位一體上帝在生命與愛內全然地合一。總之，榮福直觀的概念，雖然在描述永恆喜樂的一個側面是正確而有效的，但仍需爲聖經所提供的其他圖像與概念加以補足。

Q 51 在何種方式下，作爲榮福直觀的天堂得以爲其他的圖像所補足？

如果我們以爲榮福直觀即對神聖本質的直接看見，同時經

常將模糊之知的信仰以及面對面與上帝相遇的天堂兩者之間作重複的對比，我們在認知上即有以下的危險：在天堂我們會有對上帝全面性的認識，而上帝的奧秘最終將會被驅散。當然，這就大錯特錯了。

為避免此種危險，我們需要恢復聖經對上帝的認識：其將上帝視作無法理解的奧秘。上帝不是「暫時性的」奧秘或謎語，因我們現今缺乏必要的理性工具而無法解決之，但在天堂藉著「榮耀之光」之助，我們勢將獲致解決之道。毋寧說，上帝是在無法切近之光中的「絕對」奧秘。當然，這不可及的上帝已將自身在啟示與聖子的道成肉身當中，給予我們了；因此，儘管上帝是無限地遙遠，卻已在恩典中使自己絕對地親近我們。仰賴這神聖的自我贈與，我們藉由我們的理智與信仰，確實地得著對上帝確然而肯定的知識。然而，舉例來說，我們對上帝的知識不像對機械的知識，可加以利用和控制，也不是為了要穿透與支配上帝。毋寧說，如同我們對所鍾愛之人——對我們永遠是奧秘——的知識，我們對上帝的知識是一份謙遜而感恩的明瞭：上帝作為無法理解的奧秘，卻慈愛地親近我們；同時，我們對上帝的知識也是在愛內自我降服於上帝。

對上帝的知識，以及將上帝視為無法理解的奧秘，兩者並不是矛盾的，也不會彼此抵銷。相反地，它們彼此是成正比的：人愈認識上帝，就愈明瞭上帝之為無法理解的奧秘，反之亦然。此種對上帝的知識，終究是在愛內自我降服於上帝的奧秘。因此，上帝的奧秘並未將不幸的限制加諸於我們的榮福直觀，反而是上帝的奧秘令榮福直觀成為可能。

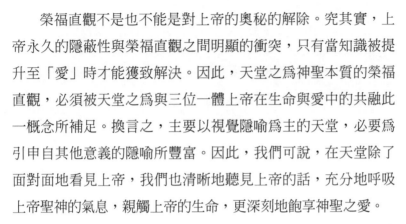

榮福直觀不是也不能是對上帝的奧秘的解除。究其實，上帝永久的隱蔽性與榮福直觀之間明顯的衝突，只有當知識被提升至「愛」時才能獲致解決。因此，天堂之爲神聖本質的榮福直觀，必須被天堂之爲與三位一體上帝在生命與愛中的共融此一概念所補足。換言之，主要以視覺隱喻爲主的天堂，必要爲引申自其他意義的隱喻所豐富。因此，我們可說，在天堂除了面對面地看見上帝，我們也清晰地聽見上帝的話，充分地呼吸上帝聖神的氣息，親觸上帝的生命，更深刻地飽享神聖之愛。

再者，天堂作爲在愛的知識中與三位一體上帝全然共融的概念，必須再以其作爲與人類同胞共融之概念所補足。天堂是我們將愛的關係自周遭親友（我們將與之再度重逢）的小圈子向外延伸，而至於所有曾經活過的人們之「所在」。在那兒，「聖徒的相通」將會圓滿地實現。

最後，天堂也會包括物質宇宙及其中所有事物，從無機物到植物、動物，不一而足。儘管聖經沒有指明「新天新地」是由何形構而成，但想像其即爲「這個」宇宙，並非奇思異想。這個宇宙正是保羅所描述的：爲等待救贖而如臨產痛之婦女般嘆息，但上帝必要使之脫離敗壞的控制，得享上帝子女的光榮（羅八：20-22）。

總之，天堂不僅是對神聖本質的視見，也是分享上帝三位一體的生命，與其他人類同胞的合一，並同宇宙和諧共存。

Q52

Q52 你剛剛提到了「三位一體」。在天堂裡，我們與三位一體上帝關係是如何？

　　為瞭解在天堂我們與三位一體上帝的關係會是如何，我們應先明白，此生我們在恩典之中與三位一體的關係是如何，因為恩典乃預嚐永生及對永生的期盼。在天特大公會議（1545-63）以後的天主教神學傳統認為，神聖的恩典主要是上帝超自然的受造的恩惠，其傾注於靈魂而成為靈魂固有的一部分，真實地轉化了靈魂並使之分享神聖的本質。此一對於恩典的觀點雖為正確，但近來對於恩典有一更為豐富的教義復甦起來，其將恩典視為非受造的恩惠，亦即，其只是三位一體上帝居於正義之中。天主教教理亦十分肯定天堂的本質乃是三位一體的（第1997號）。

　　在此對神聖生活的參與中，基督徒與上帝的關係並非是一般性的，以致人可能會說自己是上帝的兒女，但卻不論聖父上帝，聖子上帝，或聖神上帝其間之差異。就算基督徒與上帝的關係是一般性的，我們也不能說基督徒與此三位格之中的這份關係，可以按屬性之不同而相稱分派給其中任一位格——事實上關係卻是同一的。這樣相稱分配的好處是，吾人可比方說我們與上帝的關係是看聖父上帝為全能者，聖子上帝為真理，聖神上帝為愛——儘管我們和此三位格的關係是同一的。

　　相反地，我們必須說，在恩典中，基督徒與神聖本質的關

係並不是一般性的，也不是按上述相稱分配所限定的那樣；其與三位一體當中之每一位的關係，乃是「適切」而確實「有區別的」。基督徒是聖父（而非聖子和聖神）的兒女，聖子（而非聖父和聖神）的弟兄姊妹，聖神（而非聖父和聖子）的宮殿。因此，這樣的關係是不能互換的。這不僅是神學家抽象的想法，而是對基督徒生活的每一層面皆有實際意涵的真理。舉例來說，若其確為我們在恩典中與上帝的關係，我們便不能在一般性的意義上向上帝祈禱；毋寧說，我們會以不同的方式向聖父上帝、聖子上帝，與聖神上帝祈禱。誠如保羅如此優雅的句子所示：「因為藉著祂（基督），我們雙方在一個聖神內，纔得以進到父面前」（弗二：18）。

由是觀之，與其說天堂是對一個「神聖本質」毫無區辨的直觀，不如說，其乃依靠聖神的德能，在聖子內，與聖父在知識與愛上建立永恆而圓滿的關係；也就是說，我們被賜予去分享三位一體的生命。因此，在天上我們是以同樣的愛與感謝的心情，和上帝聯繫在一起，如同聖子和聖父之間永恆的聯繫；而我們之所以能有如此之聯繫，則是藉著聯繫聖子與聖父之同一聖神的德能。

Q53 基督的人性與我們在天堂的福樂是否有關係？

在教宗本篤十二世有關榮福直觀的教誨中指出，在天堂，

毋須「憑藉任何受造物以物體的視覺方式作媒介」，我們就能看見上帝（參見問題49）。我們若以為這個句子意含：在天堂人不需要基督的人性作媒介，那麼它可能又要教人受誤導了。本篤十二世在對上帝之榮福直觀上所強調的「直接性」──不藉任何受造物為媒介，乃是為要強調：在天堂時我們對上帝的認識是圓滿的，不受任何扭曲並限制的受造物損害，而無意藐視耶穌的中介角色。的確，基督的人性不但不是我們看見上帝的障礙，反而完美地顯露了上帝的面貌：「從來沒有人見過上帝，只有那在父懷裡的獨生者，生為上帝的，祂給我們詳述了」（約一：18）。同樣的意念可在約翰福音當中，腓力要求耶穌將父顯示出來時，耶穌對腓力的回應裡看到：「誰看見了我，就是看見了父」（約十四：9）。

耶穌在世時所承擔的中介角色，並未隨著他的死亡而終結，好像聖言道成肉身時所取的肉體實在只是個工具，一旦他作為啟示者與中介者的使命一完成，就可棄於不顧。相反地，耶穌的肉體實在始終是永遠而恆久之必要媒介，藉此，無論是現今或在天上，對上帝的知識傳遞於我們，因為，耶穌在生時所完成的一切──包括祂作為啟示者與中介者之角色──都在祂死亡的那一刻成為終極、確切而永遠的，並在永恆中長存不息。

因此，我們可以說，我們在天堂對上帝「直接性」的視見，是以基督的人性為媒介而傳遞給我們。藉此方式，天堂獲致了基督信仰的形式：基督為關係性的空間，在此，我們達致了與上帝在知識與愛上的永恆共融。一如希伯來人書所言，耶

穌在天上繼續行使祂至高的祭司品位，爲我們轉求（來七：
25），並爲我們向天父奉獻祂一次而永遠的犧牲（來九：1-6）。

拉辛格（Joseph Ratzinger）對這個天堂的「基督式」結構
作了很好的表達：「天堂因此首先且首要須以基督的方式所規
範。它並非是人前去的超歷史之所在。天堂的存在取決於：作
爲上帝的耶穌基督同時是人，並在上帝自身的存在中爲人的存
在取得空間。當人愈是在基督內，他就愈置身於天堂……如此
一來，天堂就主要是一個人的實在，且永遠爲其在死亡與復活
之逾越奧蹟之歷史性根源中被形塑」（《末世論：死亡與永生》，
234）。天主教教理亦十分強調天堂是天上聖徒的團體，在其中
所有的人都與基督合爲一體（參見第1026號）。

Q54　除了獲享與三位一體上帝合一於知識及愛內，天上聖徒在天堂裡還作些什麼？

藉著基督，並協同基督，又藉著聖神的能力，天上聖徒歸
於天父上帝，因此亦同「眾天使」、其他天上聖徒（有些已被教
會宣告爲聖人）、已逝而尚在煉淨過程之中者，以及仍在塵世生
活者合一。此即所謂「聖徒相通」，在拉丁文（communio
sanctorum）當中同時有「聖者的合一」及「在神聖事物中合一」
兩重意義。

因此，天上聖徒並沒有跟尚未達致永福的信徒的團體相隔
絕。相反地，梵二的教會憲章肯定，「因爲天上聖徒們與基督

之間密切聯繫，使整個教會在聖德的基礎上更形堅固，使教會
在現世奉獻給上帝的敬禮更加尊貴，並且多方面協助教會的擴
建工作。因為他們榮歸天鄉，面見基督，透過祂的關係，和祂
一起，在祂內，不斷為我們轉求天父，把他們在世上靠著天人
之間的唯一中保耶穌基督所立的功勞獻給上帝」（第49號）。有
時，他們為我們的代禱與同在是以顯靈和奇蹟的形式出現。

> **Q55** 在天堂裡所有的天上聖徒皆同等地有福嗎？他們是否可能喪失自身的福份？

關於天上聖徒還有兩點需加以強調。首先，每人都將根據
自身的善行接受不同程度的福樂。佛羅倫斯大公會議（1439）
的教導指出，天上聖徒「清晰地看見三位一體的上帝，儘管按
照善行的不同，有些人較其他人更圓滿地看見」（《基督信仰》，
686）。這並不意味有些天上聖徒並非獲享全然的福樂；他們都
在圓滿而全然的福樂當中，只是以多種不同的方式享有之。其
間的差異不但不是傷感或嫉妒的緣由，反而使人讚美上帝的榮
耀與智慧。其次，所有的天上聖徒永遠與上帝相聚在一起，因
此，不再可能落入失去上帝的可能性。永遠在上帝之愛內的這
種確定性，就是其圓滿福樂的理由。

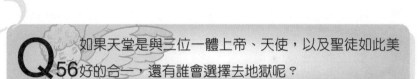

Q56 如果天堂是與三位一體上帝、天使，以及聖徒如此美好的合一，還有誰會選擇去地獄呢？

　　你的問題強調了地獄絕對的荒謬性。在本質上，地獄是對天堂的否定，一種與上帝及天上聖徒隔絕開來的存在，因而違背了人心最深切的渴望。一如奧古斯丁的名句所言：上帝為了自己的緣故而創造了我們，我們的心若不安歇在祂內，將永遠找不到安息。當然，人顯然不需特意的選擇地獄，來讓自己與上帝和聖徒的團契相分離；的確，很少有人立意將地獄看成除了天堂以外的另一種選擇。相反地，我們與上帝相分離（如道德神學家所言，此即「犯致死之罪」），不只是在我們拒絕愛上帝時，在我們拒絕愛上帝的兒女的時候，我們也同樣與上帝相分離：「那不愛的，就存在死亡內。凡惱恨自己弟兄的，便是殺人的；你們也知道：凡殺人的，便沒有永遠的生命存在他內」（約壹三：14-15）。天主教教理提醒我們，耶穌說過，假如我們不對貧窮者、弱小者在其急需中施予援手，我們就會與祂分離（參見第1033號）。

　　此外，你所提出有關地獄的荒謬性的問題，間接地使人想起本章開頭所述之要點，亦即，天堂與地獄並非上帝為我們創造的兩種同等的選擇，而關於天堂與地獄的陳述亦非等量齊觀的。如我曾說過的，天堂是一實在性，地獄則是一可能性——儘管它對我而言是十分真實的可能性，也許對他人來說亦然。

Q57

Q57　關於地獄的可能性，舊約有何看法？

　　早先的希伯來思想包括一信念：無論好人或壞人，所有的死者都會下降陰府，安息在塵土（伯十七：16）、黑暗死蔭（伯十：21），及遺忘（詩八十八：12）之地。這個希伯來的冥府（Sheol）概念與希臘對陰間（Hades）的想法，是一致的，後者被理解為死者悲傷和憂鬱（但非懲罰）之地。

　　在復活的信念開始成形時，死者的命運也有了分別：善人在死後要醒來，進入嶄新的永生（但十二：2；瑪加伯下七：9，11，14，23），並被上帝所接受（詩四十九：15；智五：15），而邪惡的人受罰（賽五十：11；六十六：24；猶底特十六：17；智四：19），並蒙羞受辱（但十二：2；瑪加伯下七：14）。他們將受火罰（賽五十：11；六十六：24）與蟲蝕（賽六十六：24），火象徵毀滅，蟲則象徵墮落。默示性的作品以諾書一為迫害以色列者與背叛以色列者應受的懲罰，如火、蟲、冰、鐐銬與黑暗，提供了生動的描述。

Q58 耶穌有關於地獄的教誨嗎？

在某種意義下，耶穌並未就地獄提出任何「教誨」；祂的宣講集中於上帝的國，而催迫聽講者悔改並信從得救的福音。但祂也以神聖的審判和火獄（Gehenna）的罰，來威脅那些不接受祂的信息的人。Gehenna一字在新約中被使用了十二次，以指明一個受火刑懲罰之所在。除了雅各書三：6以外，其餘在共觀福音中的有關段落都以耶穌的言詞出現（太五：22，29，30；十：28；十八：9；二十三：15，33；可九：43，45，47；路十二：5）。

Gehenna一字是亞蘭文gehinnam的希臘字譯，意即「希農山谷」（或譯：欣嫩子谷），而意指綿延在耶路撒冷南方至西南方的山谷。這個山谷乃偶像崇拜迦南神祇摩洛克與巴力之所在。此一崇拜包括獻祭孩子的儀式，讓孩子走過高地上的火堆而進入神祇的手中。Gehenna逐漸被稱作「受詛咒的山谷」或「深淵」，並代表邪惡的猶太人受火刑懲罰之處。

為描述火獄的刑罰，耶穌採用了當時普遍的啟示性意象：不滅之火的熔燒、地牢、監獄、嚴刑拷問的囚室，黑暗、悲慘、不死的蟲、哀嚎和切齒的，以及肉身與靈魂的毀滅。在閱讀這些章節時，記得我在問題7與8的回答當中所提到關於詮釋聖經的過程，是很重要的。我們需發現論及地獄的這些文本

「背後、之中與之前」的世界，一方面正確地瞭解這些段落，同時也避免在某些基督徒的圈子裡盛行的某種基本教義派主張。

Q59　對於地獄，聖經的文本所表現的世界為何？

簡要地說，在聖經文本「背後」的世界是啟示性的世界，如我在第二章，特別是問題20、21與26當中所述。於此處一起重讀上述問題的回答，是很有助益的。聖經文本背後的世界，是受到對上帝立即戰勝邪惡勢力的熱切希望、上帝信實的子民的清白正當，以及對上帝的仇敵的終極懲罰所激勵的。上帝的國的象徵表示上帝即將來到的拯救，而火獄則代表耶穌用以威脅那些反對上帝的人的毀滅。正如上帝的國是在各種比喻中出現，火獄也是被描寫成不同的圖像。同樣的道理，就像天國的比喻不應由字面上理解，火獄的諸般景象也不能從字面上理解。的確，若只是由表面來看，它們會彼此牴觸。比方說，黑暗會被火給驅逐，而毀滅則使得墮落顯得多餘了。

因此，與其去探究火的性質、不死之蟲的生物種屬，還有在彼世咬牙切齒的可行性，不如以那些被判處在上帝的國以外的人的處境，去瞭解它們所代表的意義。為瞭解它們的意義，我們必須將之置於猶太默示性文學的脈絡——包括正典（如，但以理書）與正典以外的經典（如，以諾書一）——下觀之，這些都是耶穌明顯使用的語言。舉例來說，我們可說火表示的

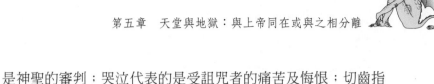

是神聖的審判；哭泣代表的是受詛咒者的痛苦及悔恨；切齒指的是他們的憤怒；而黑暗則表示了他們的絕望。值得注意的是，新約在描述地獄的語言上，遠較啟示性作品裡充滿想像力的文字，來得保守和節制多了。

Q60 在這些關於地獄的文本「之中」與「之前」的世界為何？

耶穌關於火獄或地獄的說法，並不是為了要描述被詛咒者所受刑罰的所在與種類，而是對於上帝的國即將來臨之迫切與絕對嚴肅性的一種「警告」，同時也是對那些拒絕留意此一信息並對生命作適當改變的人的「威脅」。

因此，這些文本「之中」的世界，並非如此這般的地獄，而這些文本也無意給我們有關地獄之事實性的訊息。不如說，這個世界是由耶穌其人及其信息，與他的聽眾——包括今日的我們——之間的關係所組成。居住在那個世界的人不只是那些向自己的弟兄說傻子的人（太五：22），那些以自己的眼睛與手足犯罪的人（太五：29，30；可九：45，47），那些只害怕殺害肉身卻沒顧慮到靈魂的人（太十：28；路十二：5），讓人——特別是小孩子——跌倒的人（太十八：9；可九：43），與經師及法利賽人（太二十三：15，33）。我們也是在那些文本「之中」的世界的一份子，而耶穌有關地獄的話語對我們同樣為一警告與威脅。

　　至於在這些文本「之前」的世界，也就是這些文本挑戰我們去承負起的存在方式，天主教教理對之有極佳的描述：「聖經和教會訓導對地獄的聲明是為喚起人的責任，人以永遠的歸宿為目標，該負責地運用他的自由。同時這些聲明成為『請人皈依的迫切呼籲』。」（第1036號）此一存在的方式莫過於作耶穌的門徒──以侍奉上帝的兒女來侍奉那既公義又慈愛的上帝。

Q61 教會訓導對地獄有何教導？

　　天主教教會訓導對於地獄的主要教誨，有如下文件：里昂大公會議巴盧奧古皇帝之「宣布信仰」（1274）、教宗本篤十二世的憲章「讚美上帝」（Benedictus Deus）（1336）、佛羅倫斯大公會議為希臘人的頒令（1439）。簡言之，這些文件肯定有地獄，同時，死於大罪的人會立刻下地獄，地獄的懲罰則與他們的罪成正比。

　　有趣的是，天主教教理關於地獄的陳述乃相當溫和。它肯定地獄的存在和永久性（參見第1035號）。其並未言及地獄為一所在，而將地獄的信理以關係性的語彙作呈現，並以人的自由解釋地獄的可能性：「若人在大罪中過世時沒有悔意、沒有接受上帝的慈愛，這表示他藉著自由的抉擇永遠與主分離。換言之，就是將自己排除與上帝和天上聖徒的合一之外，這種決定

性的、自我排除的境況就稱為『地獄』。」（第1033號）因此，教會對於地獄之實在性及永恆性的教導主要只是說，某些人「可能」以其自由，選擇去拒絕上帝所給予的友誼和愛，而這個決定在瀕死及死亡當中將成為確切而終極的。然而，教會對於是否曾有或將有任何人被施以永罰，則不置可否。

　　至於地獄的苦痛，神學家慣於作以下之區分：「失落的痛苦」（亦即與上帝相分離，並被剝奪榮福直觀），以及「感官的痛苦」（肉體的受苦）。關於地獄，天主教教理引用了聖經的景象「不滅的火焰」與「融蝕的火焰」，但就地獄的痛苦，它只說，「地獄主要的痛苦是與上帝永遠的分離」（第1035號）。

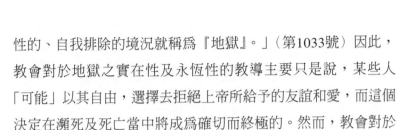

Q62　我能理解我們應為自己的惡行受罰，但為何地獄會是永恆的？

　　地獄的永恆性對信者與不信者而言，向來都是個阻礙，至少從第三世紀以來即是如此。如我們在問題38當中所見，輪迴轉世的信念乃廣為流傳，其假定能使每個人最終都達致解脫。但即使輪迴轉世的信念受到拒絕，仍可能去追問，無限慈悲和仁愛的上帝是否願意一切人都得救（提前二：3-4），是否會容許任何受造物忍受「永遠」與上帝相分離之苦，而沒有任何回歸上帝的可能性。神聖的全能會被受造物有限的自由所擊潰嗎？什麼樣的上帝會「容許」永罰——如是之永罰因無法為人帶來道德上的改善，而顯得只是報復而已？就算我們不完美的

司法制度也傾向於矯治罪犯，而非只是去懲罰他們。再者，如果你所愛的人永遠與你分離，而無止盡地承受可能最為嚴重的痛苦，你還能在天堂裡享有圓滿的福樂嗎？

這種種問題促使奧利根（Origen），一位第三世紀的神學家，以及其他教父如尼撒的格里高里（Gregory of Nyssa，約330-約395年）、那錫安宿斯的格里高里（Gregory of Nazianzus, 329-389）、盎博羅修（Ambrose，約339-397年），發展出普遍救恩或萬民得救（apocatastasis）──希臘文，意即復興──的理論。據此理論，上帝的恩典在所有有靈智的受造物──包括邪惡的靈──身上，都將獲致最終勝利，使其接受上帝的慈悲和仁愛。

此一為奧利根及其門人所支持的理論，在西元五四三年於君士坦丁堡遭當地的教會會議所譴責，並在十年後於當地所召開之第五次大公會議中宣告正式禁絕：「如果任何人宣稱或主張對惡魔與不虔敬之人的懲罰是暫時的，且其在某時刻將會終了，或惡魔與不虔敬之人會有完全的得救（apocatastasis），就當受絕罰」（約翰·薩奇斯[John R. Sachs]，〈教父神學當中的萬民得救說〉，621）。

教會訓導的這個決定意味的是，任何人不容以道理上的確然性「肯定」一切都「將」得救；同時，我們必須嚴正地思考我們自己可能失喪甚至永遠失喪的「真實可能性」。此一教義之終極基礎乃聖經的教訓及人類自由的本性，還有，如我們在上一章所見，在死亡時成為不可逆轉的自由意志選擇。

Q63

Q63 我們還是能說普遍救恩是我們能夠且也許應該希望的嗎？

　　在你問題中的關鍵字為「希望」。雖然我們不能確定沒有人會受永罰，但我們可以且「必須希望」地獄最終會是空的。畢竟教會從未認定有人曾經受永罰或者以後會受永罰。如我在問題47的回答中所提及的，在當代神學家中，卡爾‧拉納及巴爾塔薩已發展出他們認為是萬民得救的正統教義。

　　對拉納來說，如果我們想要發展出可被接受的普遍救恩之教義，我們必須同時容納數個顯然自我矛盾的教義。一方面，我們必須堅持聖經所教訓的：上帝願意一切人得救。另一方面，上帝的公義也必須被肯定。再者，我們必須肯定人類富有自由，甚至是在與上帝的關係當中也具此自由，因而每個人都要把他（她）能夠拒絕上帝的可能性詳加考慮。最後，上帝的自由和全能也必須被尊重；我們不能說上帝一定能或不能對人的自由作處置，因為人的自由是被神聖的自由所包含在內的。

　　這些命題如何能夠互相調和，對我們來說尚未明確。但因其彼此間不可協調之處的緣故而否定其中任一命題，則是不合理的。完全地肯定普遍救恩危害了人的自由，而否定普遍救恩的可能性則限制了上帝的意志的至高主權。

　　根據拉納的說法，我們知道，在「普遍」或「理論」的層次上，上帝願意一切人得救。然而，在「具體的」層次上，這

普遍的救贖意志對我而言是否會實現，我並不能確知。我只能
希望會是如此。既然我能夠且必須希望我會得救，我即能夠且
「必須」將此希望延伸至其他人，甚至是先施予他人，而後才對
我自己。拉納如是說：「沒有什麼能阻卻基督徒的希望，儘管
不知實際上人的最終結局是否會是地獄並不存在。而此所謂人
的最終結局，乃人之自由意志藉助上帝恩典的力量（其阻礙並
拯救所有的邪惡），所展現出來的結果。基督徒得以擁有此等希
望（首先為別人作此希望，然後也為自己）——如果在其以自
由意志所構成的個人歷史當中，他們認真地考慮了相反的一
端：永罰」（《我們的基督信仰：為未來遠景的回答》，106-7）。

Q64 有其他任何理由使我們得以希望所有人都會得救嗎？

　　如同拉納，巴爾塔薩也極力主張對萬民得救之希望的可能
性與必要性。只為自己而不為所有人希望永恆的救贖，實非基
督信仰的精神，因為，基督是為了所有時代的一切人而死的。
正是基督與「所有」罪人之間是為一體（solidarity），要求基督
徒的希望成為普世性的。

　　對巴爾塔薩而言，基督與所有罪人之間是為一體，最有力
的證據莫過於他所謂「聖週六的奧秘」。他認為聖週六代表的並
不是基督勝利地進入陰府，而是祂在死亡中與罪人全然成為一
體。基督完全地認同了罪人和他們的罪過。儘管無罪，但祂卻

像個罪人般死去，為上帝所捨棄。作為上帝之子，祂體驗任何人未曾經歷過的「地獄」——遭上帝天父捨棄。同時，作為那「下降至地獄」的，祂是上帝不願捨棄罪人的象徵，儘管就定義而言地獄乃上帝所不在之處。

　　根據巴爾塔薩的看法，在聖週六那一天，上帝在地獄的中心樹立了十字架，作為上帝無可限量之愛與慈悲的記號。巴爾塔薩指出，正因為上帝願意親自奔赴地獄與罪人同在，故能融化罪人的硬心腸，而毋須威脅或強迫人的自由意志，只消規勸與誘使其接受神聖的愛。此乃可能之事，因為誠如拉納所指出：人的自由並非絕對，反而是為上帝與基督的至上自由包含在內。

　　因此，萬民得救對巴爾塔薩與拉納而言，並不是可以無條件地肯定的正面教義，而是基督徒按照基督在十字架上所彰顯之上帝無限的愛情與德能，可以且必須希望之事。然而，這份希望不能只是淌血之心疏懶的期待或多愁善感的夢想而已。它構成了一樣道德的命令——我們必須在所有人都會得救的這份希望的感召之下行動。

第六章
死者的復活：歡樂的重聚

Q65

> **Q65** 我們常說靈魂是不朽的。到底「靈魂之不朽」與「死者之復活」有何不同？哪一樣才是基督信仰教導的，是前者抑或後者？

大約四十年前，庫爾曼（Oscar Cullmann）這位瑞士的聖經學者，戲劇性地強調了他認為在靈魂不朽這個希臘式的概念與基督信仰對於死者復活的信念，兩者之間存在有不能調和的差異。靈魂之不朽意味著：人的精神性要素，即所謂的靈魂，在死後與物質性要素（即身體）分開而生存。此一概念預設希臘二元論的人類學；死者之復活則指的是上帝將人的生命整個復甦起來。根據庫爾曼的說法，靈魂在死亡以後是處於「睡眠」狀態，而在復活時為上帝所喚醒。庫爾曼寫道：「信仰靈魂之不朽並非去信仰一革命性的事件。『不朽』事實上只是一項『負面』的主張：靈魂並未死去，而只是活下來；復活則是一『正面』的主張：那實在已死之人，因著嶄新的創造行動重新賦予生命。某事著實發生了──創造的奇蹟！因為先前令人恐懼的某事亦發生了：為上帝所形成的生命已被摧毀。」（《靈魂不朽？抑或死者復活？》，26-27）

如果我們像柏拉圖一樣將靈魂與身體之間的關係理解為敵對的（在問題31我已做過解釋），那麼庫爾曼對靈魂不朽此一道理的非難也就可被採納。聖經並未主張身體是靈魂的墳墓，而靈魂至死才能被解放。相反地，其將人視為一整體存在。在舊

約當中，諸如basar（肉體）、nephesh（靈魂）與ruah（精神）等字詞，並不是指人截然不同的三個部分，而是同一個人顯露出來的三種面向：肉體的；活生生的；與感覺、理智及意志的。所有這三個層面乃密切關聯在一起：basar會思考、希望、許願、喜樂、害怕、犯罪等等，而nephesh與ruah亦然。還有一字同nephesh和ruah在功能上有相關性，即leb（心）——其為感覺、思考與意志之所在。再者，精神性的功能並不僅為心所獨具，腸子、腎臟與肝臟也同樣擁有。如我在問題29中曾指出的，特別是在智慧篇（二：22；三：4）裡頭，我們已在希臘時期以前，發現近似於希臘式的觀點：其將人視作由靈魂與身體所組成，同時亦肯定靈魂之不朽。

在新約中我們也發現另一個三重組合：soma（身體）或sarx（血肉）、psyche（靈魂），以及pneuma（精神），而同樣地，我們不應將之視為同一人的三種不同層面。它們不應沿著希臘式思維——把人看成是由「身體、靈魂與精神」三種成分所組成——來理解。相反地，我們應按舊約理解basar、nephesh和ruah的方式來看待它們。人被看成是一個活生生的整體，由身體、靈魂與精神所組成之不可分割的整體。要表達此一介於希臘和希伯來人類學之間的差異，我們可以說：希臘人「有」身體，而希伯來人就「是」身體。

當然，在新約裡是有某些段落主張二元論。身體像是一件衣服或帳幕（林後五：1-10；彼後一：13；腓一：23）；身體的功能乃遜於精神的功能（彼前二：11；彼後二：18；約壹二：16）；而婚姻似乎是不宜的（林前七：1-11）。然而，把這

些段落詮釋得好像它們有悖新約關於人之一體性的教導，就失之偏頗了。重要的是去注意：對新約而言，身體並非邪惡而引致邪惡的；相反地，邪惡乃存於「心」。就因爲此種基本的人之一體性，我們可將「『死者』的復活」（尼西亞信經所用）及「『肉身』的復活」（使徒信經所用）兩詞彙互相替換。在此，「肉身」不僅意指物理性的實在，更意謂作爲身體、靈魂與精神的整個人。

Q66 你言下之意是說：靈魂不朽之教義不再是正確的嗎？

　　一點也不。天主教教理肯定，每一個靈魂都是不死不滅的，並會在末日復活時，重新與身體結合（參見第366號）。國際神學會議最近的文告也有力地肯定了靈魂不朽的教義：「靈魂在復活之前繼續存在，保障了曾活過的此人到其復活之前這段生存的連續性和同一性，因爲憑藉著此種生存方式，具體的個人從未眞正消逝」（〈當前末世論中的一些神學問題〉，221）。

　　但在詮釋這條信理時，我們必須謹愼小心，以避免下列四種常見的錯誤。第一，如上所述，基督信仰對於靈魂不朽的理解，是十分不同於柏拉圖式信條的。其乃預設了人內在的整體性，且並未隱含對身體的貶抑。第二，不朽並不被視爲是靈魂的某種「自然」物質；毋寧說，聖經（創二～三）把免於死亡看成是「獨享不死不滅」（提前六：16）的上帝所賜的禮物，或

與智慧結合的果實（智六：18；八：13，17；十五：3）。第三，死亡不應被理解成只影響「身體」的一個純粹物理性事件，而不朽的「靈魂」卻完全不爲所動（因此說死亡乃靈魂與肉身分離的過程，實有陷入歧義的危險，如問題31的回答所示）。死亡之所以令人恐懼，正在於它使整個人最重要的部分支離破碎。第四，基督徒對復活的希望並不在於死亡後靈魂仍存在。無論人如何確信「自肉體分開之靈魂」有存在的連續性，它總是與聖經當中對死者復活的信念相距甚遠——此信念乃漸漸自舊約中產生，而在新約裡達致圓滿。

Q67　在回答問題29時，你已解釋過舊約對於死者復活所持的看法。而新約對此有哪些主張？同時，更明確地說，其對耶穌的復活有何看法？

極重要的是從一開始就注意到，無論新約對死者的復活有何主張，其主要皆出於對耶穌復活的信仰。此即基督如何能是來生之典範的極端例證。因此，要瞭解死者的復活，首先必須簡述新約對於耶穌復活的信仰。

如林前第十五章：13-14所述，耶穌的復活是基督信仰的核心，若非如此，我們的信仰便是空的，而我們的宣講也是空的。這個信息，以一系列信條的形式表示出來，而爲保羅所接受與傳遞：「我當日把我所領受而又傳授給你們的，其中首要的是：基督照經上記載的，爲我們的罪死了，被埋葬了，且照

經上記載的，第三天復活了，並且顯現給磯法，以後顯現給那十二位；此後，又一同顯現給五百多弟兄，其中多半到現在還活著，有些已經死了。隨後，顯現給雅各，以後，顯現給眾使徒」（林前十五：3-7）。

至論復活的實在性，我們必須說所有意欲減損復活故事真實性的嘗試——不是說使徒們欺騙（例如，他們偷走了屍體或編造了故事）、輕信，就是說他們搞錯了（例如，他們弄錯了墳墓或產生幻覺）——今日皆被大多數學者斷為不成功。的確，這些指控早已為新約的作者們所考慮和駁斥了。使徒行傳十：41隱然地回應了那認為使徒們欺騙之控訴；馬太福音二十七：64及二十八：13處理了以門徒偷走耶穌屍體之指責；同時，對於門徒起先不願意相信耶穌復活，也一再地做了強調（太二十八：17；路二十四：11，37；可十六：11，14；約二十：25）。

然而，這個對於耶穌復活之歷史性的辯護，並不意味著它像其他任一如耶穌死在十字架上這般之歷史性事實，是可徵諸實證（例如可為儀器所捕捉）的事件。的確，新約並未提供任何關於耶穌復活的「描述」，一如——比方說，偽經「彼得福音」——所為。只有耶穌復活的「效果」被陳述，好比說，他的外貌及門徒們態度上的改變。既然耶穌的復活帶來了末世性的時代，它便同時是歷史性與超越性的事件，此說固然千真萬確，但唯有以信仰而非藉歷史研究的方法得以企及。

在此關聯下，極重要的是注意到，耶穌的復活不是復生，回到同一個肉軀當中而為尋常的人類存在。不像拉撒路、睚魯的女兒，以及拿因城寡婦的獨子，被復活起來而仍必須再死，

耶穌被描繪成被上帝舉揚至光榮、權能與戰勝「最後的敵人」
——死亡——之境。耶穌並未復生；祂為上帝所高舉，且被賜
予了一個名字，超越其他所有的名字，致使一切唇舌無不明認
「耶穌基督是主」（腓二：11）。

　　儘管在新約當中，對於耶穌復活及外貌的解釋有一些無法
調和的歧異（太二十八：1-20；可十六：1-20；路二十四；約二
十），但仍有一普遍的確信認為，在其死後，耶穌被上帝所高升
（「復活」）至光榮所在（「高舉」與「升天」）。復活與升天這樣
的語言及意象，當然是取自同代的猶太末世論，但它們乃用以
傳遞一真實事件，一樣上帝為耶穌所行的作為，而非僅是臨及
於使徒們的某事。天主教教理在以下敘述裡達成了歷史性與超
越性之間的微妙平衡：「儘管復活作為歷史事件可透過空墓的
標記，和使徒們與復活基督的相遇來確定；但在那些超越歷史
的成分上，復活同樣地仍是信仰奧秘的核心」（參見第647號）。

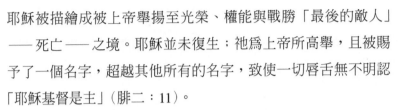

Q68　空墳墓又怎麼說？難道它不是耶穌復活的證明嗎？

　　對於空墳墓作為耶穌復活之證據的價值，天主教教理解釋
得好：空墓本身並非耶穌復活的直接證據，而是一個重要的標
記（參見第640號）。

　　保羅所宣告之福音信息的核心（林前十五：3-7），並未顯
然地提及空墳墓，儘管同樣的意義可能已在「祂被埋葬」及

「祂復活起來」兩者的轉換之間有所隱含。對於空墳墓的宣講在最早的傳教裡付之闕如，並不必然意味著門徒們不知道墳墓已空，或墳墓本身並不是空的；事實上，所有四部福音都主張墳墓是空的。它只意味著：空墳墓那時並未被視為耶穌復活的重要證據，或者它並不被當作福音信息的核心之主要部分。有趣的是，反對耶穌復活的人，沒有試著去推翻墳墓已空一說；相反地，他們認為墳墓之所以會空，乃肇因於其他可能：例如，門徒們偷走了耶穌的身體。

Q69 如果復活的基督得回了祂的身體，為何祂沒有立刻被門徒們認出來？

我想再重述以下此一重要事實：復活既非再生，亦非復甦。耶穌並不是回到他以前的生命，得回他原來舊有的身體。在復活時，耶穌不僅免於死亡，更擊潰了死亡，並「按至聖的神性，由於祂從死者中復活，被立為具有大能的上帝之子」（羅一：4）。耶穌的肉身——那曾組成祂之所是的——乃分享了耶穌嶄新的光榮地位。因此，是異中有同，而不連續的狀態裡又富連續性；耶穌既是原來的耶穌，但祂又處於嶄新的存在樣態。

一方面，這樣不連續和嶄新的特性解釋了何以門徒們最初無法認出耶穌來：直到耶穌喚她的名字以前，抹大拉的瑪利亞以為祂是園丁（約二十：16）；往以馬忤斯的兩個門徒，一直到耶穌同他們一塊兒擘餅時，才認出祂來（路二十四：31）；

而在耶穌將自己的手腳給門徒們看以前，他們都以為耶穌是鬼怪（路二十四：40）。再者，耶穌復活的身體已不再受一般的物理法則所規限；比方說，他能進入門戶緊閉的屋子裡（約二十：19）。

另一方面，新約堅決主張在死後顯現給門徒的那一位，就是他們所熟悉的耶穌。在四福音書當中，路加和約翰都確切地肯定了耶穌肉身（儘管有所不同）的實在性。路加敘述了耶穌在門徒之前的顯現，其時門徒們都認為耶穌是鬼怪，因此耶穌才說：「你們看看我的手，我的腳，分明是我自己。你們摸摸我，應該知道：鬼是沒有肉軀和骨頭的，如同你們看我，卻是有的」（路二十四：39）。路加並報導說，耶穌吃了一片烤魚。約翰則讓那「多疑的」多馬將手指伸向耶穌的手、把手探入耶穌的脅下，以證明耶穌肉身的實在性（約二十：27）。在某種意義下，空墳墓指出了介於塵世的耶穌到復活的基督，其間既有不連續性，但亦有連續性，同時，其間既有相同之處，但也存在著相異性。

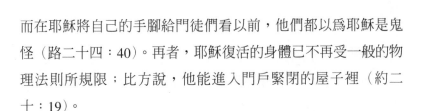

Q70 耶穌的復活如何與我們的復活有所關聯？

對於這個至關緊要問題的回答，可簡述如下：耶穌的復活是死者復活的「原因」和「典範」。這兩樣想法的主要來源乃出自保羅的書信。為了正確地瞭解這兩樣想法，我們必須把它們

放在保羅的整個教導、所宣講的團體，以及他所傳承的觀念與
圖像的世界等脈絡之下來看。

　　首先，我們來看看耶穌的復活是死者復活的原因這個想
法。近來，耶穌的復活主要被看做是耶穌的神性、牧職，與信
息的證明及確證。儘管此一對於耶穌復活的護教觀點並非有
誤，但它忽略了所謂保羅「福音」（羅一：16）其中的一個基本
主題，也就是，耶穌「爲我們的罪死了」（林前十五：3）又
「爲了使我們成義而復活」（羅四：25）。同樣，在哥林多後書
五：15又說道：基督爲了我們「死而復活」。

　　保羅在「第一個人，亞當」和「最後的亞當，使人生活的
神」（林前十五：45）兩者的對照之下，詳盡地發展了上述概
念。在對照了第一個亞當之罪的後果與第二個亞當復活的結果
之後，保羅毫不含糊地肯定了耶穌復活與我們的復活之間的因
果關係：「因爲死亡既因一人而來，死者的復活也因一人而
來；就如在亞當內，衆人都死了，照樣，在基督內，衆人都要
復活」（林前十五：21-22）。「在基督內」此一表達，是以因果
關係的涵義：「藉著基督」來詮釋的。基督是我們復活的原
因。此即何以保羅接著肯定了基督是「睡了之人初熟的果子」
（林前十五：20）。因此，所有人都將復活起來，但「各人要依
照自己的次第：初熟的果子是基督，然後是在基督再來時屬於
基督的人」（林前十五：23）。基督因而是「衆多弟兄中的長子」
（羅八：29），「是從死裡首先復生的」（西一：18），「由死者
中復活起來的第一人」（徒二十六：23），以及「生命之主」（徒
三：15）。

還有另一種途徑視基督爲我們復活的原因，亦即，祂是賜給我們生命之神。的確，保羅實實在在地說「主就是那神」（林後三：17）。藉著聖神的大能，我們與基督成爲「一體」（林前十二：12-13），我們「在基督內」，而基督在我們內。藉著由聖神──「作爲抵押（憑據）」（林後一：22；五：5）的聖神──所促成之與基督的合一，我們有能力勝過未來的死亡。經由復活，耶穌──「最後的亞當」，成爲「使人生活的神」（林前十五：45），換言之，藉著給予已受洗者分享其勝過死亡，賦予生命的聖神，基督成爲生命的創造者。

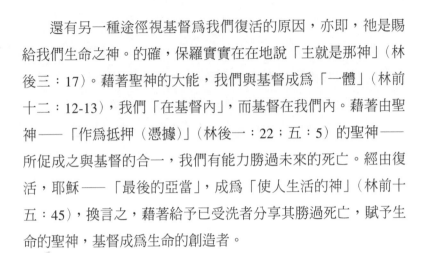

Q71 在何種方式下，耶穌的復活是我們復活的典範？

我們可說耶穌的復活在以下兩方面是我們復活的典範。首先，就像耶穌的復活一樣，我們的復活也是上帝的工作。耶穌的復活是上帝全能的作爲的彰顯，在所謂「神聖的被動」上即已陳明。也就是說，出於對上帝名號的尊敬，「上帝復活了耶穌」這個較主動的表述並未被使用，取而代之的是較被動的表述「耶穌被復活起來」（例如，路二十四：34；林前十五：4）。當然，爲強調神聖的力量，有時主動的表述也會被使用：「上帝使祂從死者中復活起來」（羅十：9；帖前一：10）或「上帝極其高舉祂」（腓二：9）。保羅顯然地肯定了：就如耶穌的復活是上主創造能力的作爲，我們的復活也將如是：「上帝既使主

復活了，祂也要以自己的能力使我們復活」（林前六：14）。

其次，基督將會改變我們復活的身體，使其相似祂光榮的身體：「至於我們，我們原是天上的國民，我們等待主耶穌基督我們的救主從那裡降臨，祂必要按祂那能教萬有屈服於自己的大能，將我們卑賤的身體改變相似祂那光榮的身體。」（腓三：20-21）。當然，我們得記住，保羅所謂「卑賤的身體」並不是意指那不同於靈魂的肉身而已。相反地，他所指的是有自我認同、行動與價值的整個人；簡言之，他指的是有諸多不同向度的「自我」。

Q72 你能不能更仔細地描述「受榮光的身體」像是什麼樣子？

回想一下以上所提到的耶穌復活的身體：在真實的意義下，復活後的耶穌雖是同一個，但又是以一嶄新的存在模式出現（問題69）。其雖為同一個身體，但已不再受制於我們所熟知的自然法則。在基督充滿聖神德能的復活的身體裡，祂由死亡的狀態過渡到另一個超越時空的生命。然而，復活的身體是「怎樣的一種」身體？這也是哥林多的基督徒一直自問著的問題。為此，保羅相當被激怒，誠如他在以下的回答中所明示出來的：「無知的人哪！你所種的若不先死了，絕不得生出來；並且你所種的，並不是那將要生出的形體，而是一顆赤裸的籽粒，譬如一顆麥粒，或者別的種粒；但上帝隨自己的心意給它

一個形體，使每個種子各有各的形體」（林前十五：36-38）。也
許保羅之所以如此被激怒就是因爲這個問題看來簡單，而他卻
無法清楚地回答。

　　的確，保羅的解釋並不具啓發性。他借助的是兩個農業方
面的自明之理：一顆種子若非死亡就不能成長，而由種子長成
的植物有著與種子不同的形貌。接著，他以下列四種特性，對
比了現存的身體和復活後的身體：可朽壞的與不可朽壞的；可
羞辱的與光榮的；軟弱的與強健的；屬血氣的與屬靈性的（林
前十五：42-44）。

　　藉著第一人與最後一人的隱喻，保羅肯定了現世的身體所
擁有的第一組特性，皆來自出於地的「第一個亞當」，而受光榮
的身體及其第二組特性，則來自出於天的「最後的亞當」。因
此，保羅說，復活的身體是「靈性的身體」。無疑地，這個表達
爲今日大多數的人聽來像是謬論（而不消說，對保羅試著要啓
蒙的眾多哥林多人亦然），除非人們瞭解，保羅所意指的並非某
種可能性不大的物質與精神之混種，而是統一的、整個人的實
在（「身體」），其乃充溢著基督身上賦予生命之聖神的能力
（「精神」）。

　　當然，保羅的解釋對今日我們大多數人來說是差強人意
的，因爲他並沒有真正回答「我們的」問題，也就是，復活的
身體的「經驗性」特質（那些爲報告打分數的人明白，沒有什
麼比未切題或答非所問的答案要來得惱人了！）。保羅的回答是
「神學性」的，亦即，它試圖顯示當上帝使人自死者中復活時，
上帝會如何處理我們人的實在性。

Q73

那麼，提出「我會以何種『型態』的身體復活」此一
問題是否合理？

　　當然是合理的，只要我們謹記：聖經既然不是科學性的書籍，也就無法為我們的科學性問題提供回答。一般而言，在論及我們會以何種型態的身體復活時，涉及了兩項議題。第一項議題關涉的是復活以後的人與其生前之間的連續性，第二項議題則是復活的身體的物理性特徵。關於復活以後的人是否仍與其生前是同樣一位，可回想我們對復活耶穌的描述：雖是同一位的耶穌，但卻是轉變了的耶穌。問題在於究竟是什麼構成其同一性，而讓我們能說那死去而復活的人是同一位。這個問題的回答預設了其他好一些問題的答案，例如：構成一個人或「自我」的是什麼？假設我們說，自我是身體與靈魂的組合，而按多瑪斯的方式將同一性的問題回答如下：自我的同一性是由「與同一身體相結合的同一靈魂」所造成的。那麼，我們可再問：構成身體的是什麼？我們能只回答說它是由骨骼與皮膚所組成，或說其乃出自我們DNA或RNA的分子結構嗎？

　　在往昔單純的時代裡，我們能同多瑪斯一般，說人的身體將可由「塵」（cineres）與「土」（pulveres）重建起來。不幸的是，這樣的語言對今日的我們不再有意義。再者，就算我們能同意如此這般的身體的意涵，以下的問題仍舊會被提出：經過生理上劇烈的變動（據說一生當中每七年一次），以及死後全然

的瓦解以後，什麼能使身體維持同一性？我們是否還能像多瑪斯一樣說，爲保持身體同一性，不僅身體的器官會復活起來，就連指甲和頭髮（爲此，禿頭的人會十分感謝多瑪斯！），還有「體液」，例如血液及其他保全身體功能的體液（除了尿液、汗水、精液，與乳汁之外）都將復活？

要使事情更複雜一些，就讓我們想像奧古斯丁（354-430）在其著作《上主之城》（二十二冊，第二十章）所提及的畫面：人的身體爲魚所食；魚爲動物所食；動物爲人所食；最後，人的身體爲另一人所食（食人族並非不爲人所知）。讓我們也想像這個「食物鏈」在數億年間延續數億次（這並非不可能，因爲無人可說宇宙何時會終結）。現在問題是：如果我們要按照多瑪斯・阿奎那的理論（即大眾的觀點）來瞭解所謂身體的同一性，那麼食物鏈中之第一人的身體，在復活時要如何從其「塵」與「土」或DNA與RNA分子裡被重建起來？

Q74 這些問題是否隱含：死去的肉身與復活的身體之間既沒有也不可能有同一性？

一點也不是。這些問題既不是要抹滅復活的可能性，也不是要否認亡者及其復活後兩者之間的同一性。毋寧說，這些問題是爲了顯示：(1)要從聖經與教會訓導的文件當中，推論出亡者的身體與復活的身體其間是否具有同一性此類科學性問題的答案，是不可能的；(2)一般以爲個人維持同一性（如，擁有同

樣的生理器官）此類的想法，對於瞭解復活後的人是否仍為同一，乃是毫無助益的；(3)要對一般性陳述「死亡和復活的是同一人」做更特定說明的努力，特別是對於復活的身體的闡釋，注定只有製造出更多的疑問，而非答案。

因此，我會主張以下的文本並不能為身體同一性的理論作辯護：「我們承認所有亡者肉身的真正復活；但不承認我們會在天上的身體或任何其他的身體裡復活起來，而是在我們生活、存在並行動的這個身體，才有復活可言」（西元六七五年托雷多第十一次大公會議）。教宗良九世的主張──「我也相信真正的復活是在我現有的這個肉身裡頭」──亦不能解釋成復活的身體將有如我現有身體一般之生理構造。基督信仰唯主張在活著的人及其復活之間，乃異中有同，同時，雖有轉變但其中也有連續性；至於這樣的同一性與連續性是「如何」保存，就有待生物學、心理學、哲學與神學來找出最合理的解釋了。

我自己對個人同一性的理解是：在復活時人擁有的並非是同一個肉身，而是同一的個人歷史。所謂的個人歷史，是我在一生當中，藉由我以自由所做的許多選擇，以及我用以實現這些選擇的行為所完成的。顯然地，因為我不僅擁有我的身體，而我就是我的身體，所以除了以自己的身體作媒介，我無從經由我所做的選擇與所表現的行為而成為我自己。雖然我的身體在我生命中不斷地改變，並在死後化為烏有，但我藉著自由選擇和行動所形塑的整體性，仍存留下來。正是此一整體性（其藉由我的身體而完成，但不全與之等同），還有我的「靈魂」，構成我之所以為我，而「復活」的就是這個自我。換句話說，

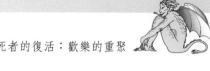

是在我死亡時成爲決定性而終極性的個人歷史「復活」，亦即，被上帝所接納並爲上帝所賦予的另一種存在。

> **Q75** 那麼，第二個議題，也就是復活的身體的生理特性是如何？

　　傳統的神學提到了三組特性：屬於所有復活的身體的特性、只屬於聖徒的身體的特性，以及單屬受詛咒者的身體的特性。第一組包括了不朽（亦即，復活的身體不再受制於死亡）與整全（被賦予所有的要素與器官）。第二組屬於聖徒身體的特性包括無感覺（免於所有的腐敗、傷害與痛苦）、光輝（光明及輝煌）、敏捷（在靈魂的命令下可以最快的速度移動），以及精巧（得以穿越固體物質）。第三組單單屬於受詛咒者身體的特性，則包含有如畸形與缺陷等，以作爲對其罪之懲罰。

　　也許有人會對復活的身體是何年歲這個問題感興趣，對此，多瑪斯‧阿奎那相信，所有人都將以同樣的年歲復活，亦即以年少的身體復活，因爲就復活的身體而言，幼年與老年都是不適當的，前者代表了未臻完美，後者則表示與完美日遙。然而，論到復活身體的身高及體重，多瑪斯卻主張：每個人皆將以此生所有的身形復活起來，因爲，並無所謂理想上完美的身高及體重；相反地，對每個人來說，在這些方面都有某些彈性的（節食者留意了！）。

　　當然，在這些陳述裡頭，過往的神學家並非眞的有意要描

述復活身體的生理特性（畢竟，他們也從未見識過）。毋寧說，他們乃試著明晰在他們的想像及文化當中呈顯爲理想而完美、適於作復活時的身體，一如我們在我們的想像及文化裡面，對身體的美感與完滿也有其標準。此即何以對復活的身體的描寫，與其說是顯示前人的文化背景，毋寧說是更多地揭露了我們的時代現況。

Q76　我們會如何復活？保羅沒有描述過我們復活的方式嗎？

乍看之下，保羅似乎只在兩處重要的文本當中，提供給我們死者復活的景象。在第一處，保羅試著要安慰帖撒羅尼迦的基督徒，因爲當時他們的一些同伴在天國來臨以前死亡了：「弟兄們，關於亡者，我們不願意你們不知道，以免你們憂傷，像其他沒有盼望的人一樣。因爲我們若是信耶穌死了，也復活了，同樣也必信上帝必要領那些死於耶穌內的人同祂一起來。我們照主的話告訴你們這件事：我們這些活著存留到主來臨時的人，絕不會在已死的人以前。因爲在發命時，在總領天使吶喊和在上帝的號聲響時，主要親自由天降來，那些死於基督內的人先要復活，然後我們這些活著還存留的人，同時與他們一起要被提到天上，到空中迎接主。這樣我們就時常同主在一起」（帖前四：13-17）。

暫且不論這段文字的文類，讓我們詳述保羅對最後復活諸

階段之所見：(1)基督從天降來；(2)天使長吶喊；(3)上帝的號角聲響；(4)死於「基督內」的人的復活；(5)活著還存留的人（將自己也算在內），與前者同時一起被提到天上（「極至喜樂」）；以及(6)在空中迎接主。在此，保羅並未說所有的死者都會復活，而只說那些死於「基督內」的人才會復活。

　　第二處為哥林多前書，此處解釋了基督──「睡了之人初熟的果子」（林前十五：20）──如何帶來我們的復活，保羅在此同時指出最終諸事件發生的「次第」：「首先是為初熟的果子的基督；然後是在基督再來時屬於基督的人，再後才是結局；那時，基督將消滅一切執政的、一切掌權者和大能者，把自己的王權交於主父上帝」（林前十五：23-24）。保羅繼續寫道：「弟兄們，我告訴你們：血肉之體不能承受上帝的國，可朽壞的也不能承受不可朽壞的。看哪，我告訴你們一件奧秘的事：我們眾人不全要睡著，但卻全要改變，這是在頃刻眨眼之間，在末次吹號筒時發生的。的確，號筒一響，死人必要復活，成為不朽的，我們也必要改變」（林前十五：50-52）。

　　再一次，我們暫且不論其圖像與文類的問題，單看所包括的各樣事件：(1)基督的來臨；(2)末次吹號筒時；(3)屬於基督的人的復活；(4)在頃刻眨眼之間，仍活著的人全要改變；(5)基督消滅一切敵人，特別是死亡，而獲得最後的勝利；(6)上帝之子基督把自己的王權交於父上帝，並使自己屈伏於父，「好叫上帝成為萬物之中的萬有」（林前十五：28）。

Q77

在這兩處提及死者復活之方式的文本裡，保羅有意要教導的是什麼？

此處最重要的字眼是「有意」，因為相較於其他任何地方來說，在此保羅所說的與所意指的兩者之間有較大的差異。此處保羅的措辭形式是典型的啓示性語言及圖像：奧秘，天使長吶喊，上帝的號角聲響，在頃刻眨眼之間死者活人全要改變，一起被提到天上，在空中迎接主，天上與地下的對比，此世與超越的世界的分別，末日即將來臨，一切「執政者和掌權者」均被消滅。

顯然地，這些意象不能也不該按照字面上的意思來瞭解。保羅並不是要給我們預報末日會發生的情況。他並無意以最終事件的景象來滿足我們對死者如何復活的好奇心。毋寧說，他是將他以為會在其生前發生的事件，亦即耶穌復活的事件，投射至末日，同時，他把耶穌復活對其跟隨者——無論生者或死者——的效果，作了詳細的說明。在文本「之後」的世界是啓示性的世界，其深信上帝將會為盡忠於祂的人洗清冤情，在此，上帝所用的方式，也就是使那些死於「基督內」的人肉身復活。同時，這個世界也包括——以哥林多人的團體來說——一群將自己視為「屬靈的人」的基督徒，充滿「智慧」，成熟且完美，而看其他人為「孩子」，並稱他們為「屬血肉的人」——在他們眼中，這些人關心的唯有肉體及其需要而已。

在文本「之中」的世界是爲父上帝所構成的，祂以賦予生命的聖神的力量復活死者；同時，這個世界也爲既是救主又是審判者的復活的基督所構成；還有基督的門徒——無論生者死者；以及邪惡的勢力。在此一基督爲王的世界裡，基督掌管一切，更戰勝了祂的敵人——包括死亡。接著，祂將自己屈伏於父上帝，好使「上帝成爲萬有中的一切」。

在文本「之前」的世界是警醒與滿懷希望的世界，是保羅邀請帖撒羅尼迦人和哥林多人進入之所在，是爲基督再臨的應許所激勵與支持的世界，是帖撒羅尼迦人被召以復活的希望「彼此安慰」（帖前四：18），而哥林多人被賦以如下挑戰：用配得復活的方式對待己身——包括自己的性（林前五～六）——的世界。

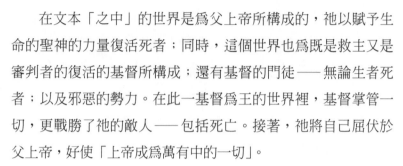

Q78　儘管你一再勸告勿按字面上的意思來理解啓示性意象，也勿對復活的身體存有無益的好奇心，但我還是覺得如果復活的人有「真實的」身體，這身體在天堂一定有些用處。首先，我們復活時還是男性或女性嗎？

在回答這個問題以前，我想起教義會議所給予的一些忠告：「當論及人死後處境的相關議題時，我們應當特別留意任意想像式的表徵：對此的過度濫用，常是基督信仰遭遇困難之主要原因。然而，我們應深思熟慮聖經當中使用的意象。其深刻意義需加以分辨，同時避免過於減低其價值的危險，因爲，

這些意象所指涉的在現實中並無實質的對應。」（〈死後生命的實在〉，第7號）因此，除非我們的末世性教義是可笑的幻象或空乏的冥想，否則應悉心地進行極度精細的詮釋工作。

　　至於你所提的問題：「我們復活時是否仍是同樣的性別？」聖經有兩處文本「似乎」否認了性別差異。第一處，是不信死人復活的撒都該人狡詐地詢問耶穌，一位曾嫁給七位兄弟的婦人，其復活時應屬七人當中哪一位的妻子？耶穌回答說，「復活的時候，也不娶也不嫁，好像在天上的天使一樣」（太二十二：30）。這個陳述似乎否認了來生在性方面還有任何形式的活動。其次，保羅在論及人受洗後在基督內的生命時，說：「不再分猶太人或希臘人，奴隸或自由人，男人或女人，因為你們眾人在基督耶穌內已成了一個」（加三：28）。如果在此生已不再有性別的區分，來生便似乎更無此可能性。然而，相對於主張因女性較男性來得不完美，又因天堂將不容任何的不完美，故而女性將以男性之身復活之說，多瑪斯‧阿奎那認為，我們將以男性或女性之身復活，保存我們原來的性別認同，因為物種的完美乃需要性別的多樣性。但他很快又再繼續說道：男人和女人在互見時不會再有羞恥可言，因為，不再有欲望引他們前去做導致羞恥之羞恥的行為。

　　至於耶穌對撒都該人的回答，我們可說其並未否認性別差異，而只是標明了來生不會有性方面的活動。同樣地，保羅的斷言為的不是要抹消性別差異，而只是不容其成為減損基督徒與基督合一的論據。

> **Q79** 你的意思是說，在天上即便我們有的是男性或女性的身體，仍沒有性別之分嗎？

這個問題並不令人意外，且可說是論及來生時最常被詢問的問題之一。彼得‧克里福特（Peter Kreeft）在其獨特性的著作《所有你曾想望知道、卻從不敢提問的天上事》當中，提出了十四道關於天堂的問題。儘管他建議我們要實行蘇格拉底「無知之知」的智慧（頁117-32），但他卻大膽地針對我們在天上是否穿戴衣物的問題，給出了確切的答案（他擔保，我們確實會穿戴衣物，而我們在天上的衣物會顯示出我們在地上的一生是否成功，因此，「蘇格拉底會穿著他哲學家的長袍」！），而對另一問題如：在天堂是否會有動物，特別是寵物這個問題，他也做了確切的回答（有何不可？他指出，既然上帝養育小草，當然祂也能照料已死的貓！）。

除了此類由一些無畏的靈魂所想望提出的問題之外，克里福特也提出了你的問題，也就是：天堂裡有性別之分嗎？然後更以一整章的篇幅來作回答（頁117-132）！在對性的一番哲學沈思之後，他藉由反省身體性器官的目的，回答這個問題。天堂裡有性交嗎？克里福特斷言：不為「生小孩」也不為「婚姻」，而「當然是為精神上的性交」（頁129）。對此，他意指「某種較博愛更為特定的東西」，「因著性別上之互補而有的一種特殊的共融；某種男人唯獨與女人才能共享，而女人唯獨與

男人方得以共享之物」（頁129）。

當然，正因爲我們之所是 —— 甚至在復活時 —— 必然包括我們的肉體性，因此我們在來生一定會保留自己的性別，一如我在前面所論述的那樣。在此意義下，我們將以男性或女性的身分彼此往來，而非某種無性別的存有。但對於我們是否仍會有性交這個問題，我就寧願承認蘇格拉底的「無知之知」了。

> **Q80** 儘管在此生，性交當然也不是僅爲了「生孩子」 —— 借用克里福特博士的話來說，而其在天堂似乎也不再有必要。難道性交不也是一種愛的表達嗎？

儘管曾有一些神學家（例如，多瑪斯・阿奎那），根據在天上不再需要補給身體及繁衍後代之理由，否認在天上仍有吃食、性交與繁衍等行爲，但仍有其他人認爲，爲了愛的緣故而有的性交，在天上會繼續進行。比方說，彌爾頓（Milton, 1608-1674）在《失樂園》中曾引介了如下概念：亞當和夏娃之間的性交，在墮落以前乃是完美社會當中的重要成分。而儘管他並未思索婚姻之愛是否仍存於永生，但他確實肯定天使在天堂會經驗一種相似於亞當及夏娃之間的愛。威廉・布雷克（William Blake）在其繪畫與雕刻「最後審判」、「對於最後審判的神視」、「一個家庭在天堂的相遇」、「審判的日子」、「赫維的『墓間沈思』之縮影」當中，顯示了戀愛中的伴侶們在天堂互相擁抱。查爾斯・金司理（Charles Kingsley, 1819-75）這位維多利

亞女王的御用牧師更清晰地指出，在天堂不復存在的是「結婚」（marrying）而非婚姻（marriage），因此，性的愉悅不會就此告停。

　　無論是哪一種情況，我們都必須說，這些被詩人及藝術家所肯定的事物，皆不應「按字面上來理解」，以為復活的人就是按照此種方式對待自己的身體；毋寧說，它們是一種「希望的表現」——在地上一切帶來快樂與共融的事物，都會在天上達到最圓滿的狀態。無論如何，諸如此類需要對來生有事實性認知的問題，我們最好還是保持謙遜的沈默，或者至少是虛心的無言，承認「無知之知」，並避免按照我們的意願和欲望來塑造天堂，而讓天堂成了維多利亞式的小屋，或某個充滿樂趣的度假勝地，甚至成了退休後居住的寧靜村莊。

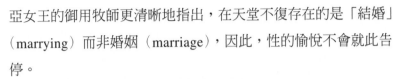

Q81　復活時，我們是否會與其他人相遇——特別是我們的家人和朋友——以致我們能說這是歡樂的重聚？

　　無庸置疑地，對天堂最為恆久的異象，就是把天堂看作我們同那些因死亡而相分離的人重聚之所在。如我們所知，有瀕死經驗的人幾乎都描述了與所愛的人相遇的經驗。與死者的復活相關涉的，不僅是我的靈魂和我的肉體之再度重逢，更關及我與基督身體之其他成員——特別是我的家人和朋友們——的重聚。這份信念表達在報紙上宣告已逝者的死亡或予以弔唁之「紀念逝者」欄位，同時也以簡單的墓誌銘如「直到我們再相見」

被鐫刻在墓碑上。而教會亦在葬禮前的最後告別中表達了這份對於重聚的希望：

> 我們的祈禱即將接近尾聲，且就要致上最後的道別。離別雖然感傷，但它更應使我們懷抱新希望，因為，有朝一日我們將再次見到我們的弟兄姊妹，並享有他們的愛。仰賴上帝的仁慈，今日在悲傷中離開教堂的我們，將會在天國的歡樂中重聚。讓我們在我們對耶穌基督的信仰中彼此安慰。（《天主教會的禮儀》，706）

我們擁有的將是歡樂的重聚：這不僅因為我們將得以在痛苦的分離後，再見到我們所愛的人以及那些愛我們的人；也不只因為現在我們是以身體與靈魂整個的實在臻於完美；更不僅因為基督的身體現今已受光榮；而是因為——按我的臆測——我們能找回那些我們曾以為已失落，而被摒拒於與上帝和眾人之合一以外的人、那些因惡行而受詛咒者，以及那些我們曾感到十分無望的人；他們因著上帝的奇異恩典，被帶回到聖者的合一當中。

Q82 所有這些談及末日復活的言論，都使之顯得既抽象又遙不可及。有沒有任何方式使我們即能在當下體驗復活的新生命？

在七件禮儀聖事中，聖餐是未來復活最強而有力的象徵。

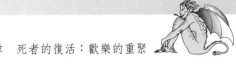

它是永生的良藥，抗除死亡的解毒劑，使我們永遠活在耶穌基督內的食糧（參見《天主教教理》，第1405號）。

　　聖餐與復活之間的因果關聯，在約六：54中清楚的顯示出來：「誰吃我的肉，並喝我的血，必得永生，在末日，我且要叫他復活。」甚至餅和酒轉變而爲基督的肉與血，亦象徵了我們必死的肉軀會轉變成不朽的復活身體。再者，聖餐在週日──「復活之日」──慶祝的事實，也暗示了聖餐與復活之間的內在關聯。這麼說，聖餐是有理由被稱作爲「不朽的靈藥」。藉著參與聖餐，特別是在餅和酒內與基督身體相契，我們預嚐了未來復活的滋味。誠如溫萊特（Geoffrey Wainwright）所寫：「雖說餅和酒並非活生生的東西，實在一點也不假，但作爲在聖餐時享用它們的人的身體，可是千眞萬確的，以至於我們能相信人的身體以適切的方式所參與，並將繼續參與我們對慈愛的王的盡忠──此即人最高且最終極的命運之所在」（《聖餐與末世論》，149）。

第七章
希望的滿全：重返地上

Q83 在信經當中，連同死者的復活，我們也相信耶穌「還要光榮地降臨，審判生者死者」。保羅對耶穌的「再度來臨」有何說法？

　　耶穌的「再度來臨」通常會與希臘字parousia相提並論。在古典的希臘文當中，此字通常意指「來臨」或「臨在」；在通行的希臘文裡，則可謂國王的官方式造訪。在新約中，parousia用來指謂末日時基督在光榮中之再度降臨。它並非用以指涉基督之首次降臨人世，可能因為那時基督是以謙虛的姿態來臨，而非在光榮中降來。一般所說「二次來臨」，並不能在新約裡找著（儘管我們在希伯來書九：28讀到：「基督……將再度顯現」）。有時候，epiphaneia一字——意即「顯示」——會代替parousia而被使用（帖後二：8；提前六：14；提後四：1，8；多二：13）。最後，apocalypsis——意即「揭露」——有時也以同parousia一樣的意思而被使用（林前一：7；帖後一：7；彼前一：7；四：13）。

　　當然，上帝降臨的概念，深植於希伯來人在其歷史中對上帝各種臨在方式的經驗，尤其是先知們所宣告的「耶和華的日子」——既是施行拯救，又是審判眾人的日子。如前所見，期待上帝降臨以為義人申冤，已一再於啟示文學裡被大力強調。

　　在新約裡，此一期盼已謂於耶穌的生命與傳教生涯中滿全了；末世——以上帝的國的來臨為標記——已經在耶穌生前開

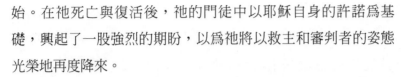

始。在祂死亡與復活後，祂的門徒中以耶穌自身的許諾為基礎，興起了一股強烈的期盼，以為祂將以救主和審判者的姿態光榮地再度降來。

在兩處保羅的書信當中，我們可以找到對基督再度來臨的信仰最早的表達——在問題75、76當中我們也已看過，亦即，帖撒羅尼迦前書第四章：13-17，以及哥林多前書第十五章：23-28；50-52；因此，我們在此便省略不談。然而，還有另一處我們現在必須要加以思考的重要段落，亦即，帖撒羅尼迦後書第二章：1-12。

當代聖經學者傾向把帖撒羅尼迦後書看為偽書，亦即，其由保羅以外的人所寫，而以保羅之名致此書於帖撒羅尼迦人的團體，以消除對保羅所教導之「主的日子」的誤解。在給帖撒羅尼迦人的書信中，保羅向他們保證主的日子即將來臨。然而，隨時光流逝，保羅死後十年或更久以後，帖撒羅尼迦的基督徒開始懷疑，保羅關於基督即將光榮降臨的教導是否正確。帖撒羅尼迦後書的作者即試圖應對如此的信仰危機：首先，其再一次肯定了對基督再度來臨的信仰，其次，他以一新的脈絡對之作詮釋。

在引自舊約啟示性作品的生動語言裡，作者宣告，那些困擾帖撒羅尼迦基督徒的人將在「主耶穌由天上偕同祂大能的天使顯現時」，受到懲罰。這些人要「受永遠喪亡之罰，遠離主的面，遠離祂威能的光榮。當祂在那一日降來的時候，要在祂的聖徒身上受光榮，在一切信眾身上受讚美」（帖後一：7-10）。

作者一方面強烈地肯定基督的再度來臨，但也一面責備那

些以主的日子就在眼前等說法（其以一疑為保羅的書信作支持！）來驚擾團體的帖撒羅尼迦人（帖後二：2）。為回應團體的挑戰，在重新詮釋保羅的末世論教導的嘗試中，作者以暗示性的言語宣稱：某些尚未來到的「徵兆」會在基督再度來臨之前出現。「在那日子來臨以前，必有背道反教之事，並有那大罪人，即沈淪之子必先出現。他即是那抵擋主，高舉自己在各種稱為神或受崇拜者以上，甚至要坐在神的殿中自稱為神」（帖後二：3-4）。再一次，這些意象引自舊約啟示性作品，特別是但以理書。那「要坐在神的殿中」的「大罪人」、「沈淪之子」可能指的是安提阿哥四世（但十二：11）或羅馬皇帝卡里古拉（可十三：4）。

作者繼續隱晦地暗示，某事（一股力量）及某人（一位人物）現今暫時「阻止」了「那大罪人」。及至這阻止的力量或阻止者一除去，「那時，那不法的人就要顯露出來，主耶穌要以自己口中的氣滅絕他，用降臨的榮光廢掉他。那不法的來到，依靠撒旦的力量，行各樣的異能神蹟和一切虛假的奇事」（帖後二：8-9）。那阻止的力量與阻止者，已經以各種不同的方式被指認為羅馬帝國、羅馬皇帝、宇宙或天使的力量、天使長、福音的宣講，及保羅自己。再一次，所用的語言是啟示性的，並預示著一場介於邪惡勢力與基督之間的「聖戰」。

有趣的是，作者一方面強烈地主張基督再度來臨的實在性，但也小心地迴避任何對其來臨時刻的揣測，並避免對末日的景象作描述。他唯一的興趣，即是為團體恢復其對基督致勝所有邪惡、獲得最後勝利的信仰。的確，這就是基督的權能！

Q84

除了保羅以外，新約的其他作者是否提及基督的再度
來臨？

在問題23-25的回答中，我曾提到共觀福音、約翰福音與啟
示錄中對於基督再度來臨的教導——其指出，屆時基督將審判
生者死者。的確，基督光榮地二度來臨，已經預設在所有末世
性的言論當中，也就是所謂橄欖山的講道，因這所有的講道皆
發生在橄欖山（太二十四；可十三；路二十一）。在啟示錄第
一、十九與二十二章裡，也有充足的證據顯示對於耶穌即將來
臨的信仰。

新約對基督再度來臨的教導可簡要地綜合如下：(1)其將發
生在「最末的時候」；在此意義下，乃有別於耶穌其他的「來
臨」，例如祂取了肉身降臨人世，以及祂在恩典、在聖餐禮之
中，以及在我們死亡之時的來臨；(2)耶穌自己將親自來臨，而
非差遣代表——無論其為天使或人——降來：「他們要看見人
子乘著天上的雲彩降來」（太二十四：30）；(3)耶穌來臨以前將
有各種不同的徵兆出現；(4)因此，祂的來臨是可被公認而公開
的；(5)祂的來臨是強而有力且光榮的；以啟示錄的話語來說，
祂是：乘著白馬，尊為萬王之王，萬主之主（啟十九）；(6)儘
管先前有徵兆，但基督的再度來臨是突然而無從預期的：「主
的日子要像夜間的盜賊一樣來到」（帖前五：2），即使我們不是
在黑暗中，以致那日子像盜賊一樣襲擊我們（帖前五：4）。

在約翰福音中，聖神保惠師的來臨顯得像是替代耶穌的再度來臨；的確，保惠師的來臨與耶穌之再度來臨是關係密切的（約十四～十七）。保惠師是為使門徒們想起耶穌所說過的一切，並教訓他們所有事（約十四：26）。也有一說以為耶穌「再度來臨」是來接門徒到祂那裡去，為的是耶穌在那裡，門徒也在那裡（約十四：3；亦見二十一：21-23）。但約翰福音的主要焦點仍在於：耶穌成了血肉「首度來臨」——此一事實乃為信仰團體與保惠師聖神所見證。

Q85　但顯然耶穌並未如保羅及早期的基督徒所預期的那般光榮地降臨。難道基督的再度來臨延遲了嗎？

保羅及早期的基督徒對基督會在他們還活著的時候光榮地再度來臨，並沒有太多的疑慮，儘管他們並未為之預期一確切的日子。他們也深信基督會以他們所預期的方式再度來臨。此外，再度來臨的延遲之所以造成早期基督徒的困擾，乃起自問題83中所提及之帖撒羅尼迦人團體的紛爭。

甚至有說法明顯地提及，有人嘲笑再度來臨的延遲：「哪裡有祂所應許的來臨？因為自從我們的父老長眠以來，一切照舊存在，全如創造之初一樣」（彼後三：4-5）。這些人根據以下兩個理由嘲笑再度來臨的延遲：(1)在過往的歷史中並沒有上帝的審判；(2)上帝在創造時並無任何作為。對此，彼得後書的作者有三項反駁：(1)上帝確實審判了世界：在挪亞的時代上帝以

水淹沒了世界，上帝也以火毀滅了所多瑪城與蛾摩拉城；(2)上
帝的時間乃奧秘而深不可測的：「在上帝前一日如千年，千年
如一日」，所以沒有所謂的延遲（彼後三：8）；(3)如果眞有延
遲，也是上帝爲了人的益處而忍耐，好使我們有足夠的時間悔
改（彼後三：9）。

　　在約翰福音的尾聲，也有對於再度來臨的延遲類似的質
問。約二十一：23指出，耶穌所愛的門徒所在的團體當中有人
預期，在耶穌來臨之前，他都不會死。既然他已死，未來耶穌
來臨的時刻也就無從得知了。

Q86　早期的基督徒如何面對此一延遲？

　　早期的基督信仰有充足的資源來面對再度來臨未獲實現的
模糊性。首先，如我們在問題83的回答所見，帖撒羅尼迦後書
的作者儘管再次肯定了對於再度來臨的信仰，卻避免對此事件
發生的時間與地點予以確切的訊息。藉助一貫使用的啓示性言
詞，他暗示了某個神聖的戰爭，「不法的人」會在基督再度來
臨時被一舉消滅。他所關切的是繼續保持信徒對再度來臨的信
仰，而毫不投入對其發生時間作預測的遊戲當中。換句話說，
他能夠維持對kairos——救贖的時刻（校者按：關鍵時刻）——
活生生的意識，而不沈溺於預期chronos——時鐘與月曆所計數
的時間。

其次，帖撒羅尼迦後書的作者把團體的注意力由懶散而毫無益處的水晶球預測活動中，轉移到從事增進團體福祉的行動上去。更確切地說，他勸誡道：「誰若不願意工作，他就不應當吃飯」（帖後三：10）。循此途徑，他得以顯示：對來生的信仰不應減損人對現世的責任。

第三，如路加在其姊妹作中所為，把介於基督升天與其再度來臨之間的時期，轉變成教會的「中介時期」──在此，對再度來臨的期盼不是虛空的等待，而是促進教會福音化的力量。如此一來，教會的現世生活，成了對上帝國的預見和預嘗，一如聖神激勵基督徒即便在此世也預嘗「未來世代的權能」（來六：5）。

Q87　我們可藉哪些徵兆來辨別基督的二次來臨？

有趣的是，門徒也問過耶穌同樣的問題：「請告訴我們，什麼時候要發生這些事？你降臨與世界的末了，又有什麼預兆呢？」（太二十四：3）。在討論「時代的預兆」以前，記得橄欖山的言論同時跟耶路撒冷的毀滅（發生於西元七十年）以及「世界的末了」時人子的二次來臨有關，是很有幫助的。此雙重焦點令末日徵兆的詮釋工作十分的棘手。同時，也有必要記得：聖經的預言經常會「縮短」所預示事件發生的時期，並在歷史的事件中「預示」末世性事件。換言之，聖經的預言並未

詳細說明分隔不同預示事件其間的時距（例如，耶路撒冷的毀滅與末日之間的時距），因此給人以如此之印象：這些事件都是同時代發生之事（此即所謂的縮短）。聖經的預言也常把歷史的事件視爲未來末世性事件的部分實現（例如，耶路撒冷的毀滅預示了時代的終結）。

　　記得上述的警告以後，現在讓我們列舉一些時代的徵兆：(1)假的彌賽亞：「因爲將有許多人假冒我的名字來說：我就是彌賽亞；他們要欺騙許多人」（太二十四：5）；(2)世界性的紛爭：「你們要聽到戰爭和戰爭的風聲……民族要起來攻擊民族，國家要起來攻擊國家」（太二十四：6-7）；(3)自然的災害：「到處要有飢荒、瘟疫和地震」（太二十四：7）；(4)信徒遭受迫害：「那時，人要交付你們去受刑，要殺害你們；你們爲了我的名字，要爲各民族所憎恨」（太二十四：9）；(5)罪惡增加：「由於罪惡的增加，許多人的愛情必要冷淡」（太二十四：12）；(6)普世宣講福音：「天國的福音必先在全世界宣講，給萬民作證」（太二十四：14）；(7)「招致荒涼的可憎之物」：「所以，幾時你們見到但以理所說的『招致毀壞的可憎之物』已立於聖地（讀這經的必須會意）那時，在猶太的該逃往山上」（太二十四：15）。「招致毀壞的可憎之物」指的是西元七十年的事件，當時，羅馬軍隊帶進了自己的旗幟，毀壞聖殿，焚燒聖殿，並將其中的寶物帶回羅馬，因而褻瀆了聖殿；(8)緊接而來的是「大災難，是從宇宙開始，直到如今從未有過的，將來也不會再有」（太二十四：21）；(9)最後，「那些時日的災難一過，／立時太陽就要昏暗，／月亮也不發光，／星辰

要從天上墜下，／天上的萬象也要動搖。／那時，人子的記號要出現天上；地上所有的種族，都要哀號，要看見人子帶著威能和大光榮，乘著天上的雲彩降來。祂要派遣祂的天使，用發出洪聲的號角，由四方，從天這邊到天那邊，聚集祂所揀選的人」（太二十四：29-31）。

我們要如何理解這些徵兆？很清楚的，它們是種種啟示性的意象，但其不能也不應按字面上來理解，以之為末世景象諸事件之發生先後的描述。另一方面，有一對於歷史事件（「招致毀壞的可憎之物」）的參照作為對末日事件的預示。如上所述，橄欖山的言論有雙重焦點。一方面，就聖殿的毀滅而言，耶穌的預言證實為真。也許那就是耶穌說這句話時的意思，馬太福音二十四：34記錄如下：「我實在告訴你們：非到這一切（即，聖殿的毀滅）發生了（四十多年之後），這一世代（即，祂的聽眾）絕不會過去」。另一方面，就末世性事件而言，耶穌一貫地運用啟示性徵兆，敦促祂的聽眾保持警醒：「所以，你們要儆醒，因為你們不知道：在那一天你們的主人要來」（太二十四：42）。

Q88 但人們確實能以這些徵兆來預測耶穌二次來臨的日子，不是嗎？是否有人曾經這樣嘗試？

儘管耶穌清楚地說過：「至於那日子和那時刻，除父一個外，誰也不知道，連天上的天使都不知道」（太二十四：36），

然而，無論是從前或現在，仍不乏自以爲是的先知，宣稱收到
上帝對於再次來臨之時間與地點的神秘啓示。早在第二世紀中
葉，蒙丹（Montanus）及其兩位女性同伴普利斯卡（Prisca）與
馬克西米拉（Maximilla），即宣稱天上的耶路撒冷即將降臨在佩
普查（Pepuza），弗呂家（Phrygia）的一個小村莊。在中世紀早
期，有些人以爲基督會在西元一千年左右時回來；他們的理由
是，主看一日如千年（彼後三：8），而既然創世紀是發生在西
元前四千年，所以基督會在地球第六個千年開始，也就是西元
一千年時降來。十九世紀時，一位羅馬天主教的教士預測，一
八四八年將是基督再次來臨的時候。英國人麥可・貝克斯特
（Michael Baxter），不爲其不斷的錯誤所動，作出了無數次的預
測，以二次來臨將會於一八六一年至一九〇八年之間發生。有
一次，他甚至預測耶穌會在一九〇三年三月十二日下午兩點半
到三點之間來臨！

　　在美國，基督復臨會的先驅威廉・米勒（William Miller），
以一八四三年爲基督再度來臨的時候。耶和華見證人的創立者
泰茲・羅素（Taze Russell），十分投入於預測基督再度來臨的時
候，他首先屬意於一八七四年，後來又選擇一九一四年爲關鍵
性的年度。最近，一群韓國人以一九九四年爲世界終結的時
刻。當千禧年即將來臨之際，可以預見的是：末世性的狂熱將
會重燃起來，會有更多的人再度冒險，預測基督再次來臨的時
日。

　　由你正閱讀我這本末世論的作品的事實看來，所有這些對
末日的預測，很顯然都是錯誤的。在這件事上，最好是多留意

多瑪斯‧阿奎那對預測末日的看法。他參照馬太福音二十四：
36說：「耶穌拒絕告知門徒的事，祂也不會向其他人顯露。因
此，所有被誤導去對末日提出預測的人，都被證實爲誤……這
些猜測的錯誤性是顯而易見的，同樣的錯誤也發生在那些至今
仍不停去猜測的人身上」（《神學大全補充》，q.77，a.2）。當
然，因爲人的好奇和輕信，過去不斷發生的錯誤，也無法阻止
其他人再作嚐試——一如多瑪斯的精確觀察所示；就像積習至
深的賭徒，他們認爲，這一次自己一定會猜對。

Q89　新約中曾提到「假基督」會在末日時出現。假基督是何人？他的作爲又是如何？

　　「假基督」一語只有在約翰書信當中方可找著（約壹二：
18，22：四：3；約貳七）。所謂「假」與其說是宣稱自己爲基
督，不如說是反對基督。若然，假基督背後所蘊涵的意義乃遍
及了整個聖經。比方說，我們應於舊約聖經的段落，如但以理
書七：7之後與二十一章以後，以及帖撒羅尼迦後書二章與啓示
錄當中，見到假基督的作爲，因爲這些段落皆提及末日時反對
基督的邪惡勢力強烈的反抗。

　　保羅並未採用「假基督」一語，但卻寫到「不法的人」，和
「高舉自己在各種稱爲神或受崇拜者以上，甚至要坐在神的殿中
自稱爲神」（帖後二，3-4）的「沈淪之子」。此人並不是撒旦，
但卻像是撒旦的工具，而挑戰基督的律法。當然，基督要在這

場宇宙的爭戰中獲得勝利，輕易地以「自己口中的氣」（帖後二：8），將敵人殺死。同時，那已經在活動的「不法的人」，將為某個人或某種力量所阻止——如我在問題83中所示，後者被指認為羅馬帝國、羅馬皇帝、某種天使的力量、福音的宣講，甚或保羅自己。

　　假基督的概念在約翰的團體裡似乎是廣為人知的。末日時，他就要來到：「小子們，如今是末時了！就如你們聽說過假基督要來，如今已經出了許多假基督」（約壹二：18）。的確，假基督不止一個（約壹二：18）。假基督的特性即否認父和子（約壹二：22）。其更特定的解釋，也就是否認「耶穌是在肉身內降世」（約貳：7），而此無異於否定基督信仰的基礎。故假基督是所有反對基督之勢力的加總。

　　約翰啟示錄描繪了兩隻獸，一隻是從海上來，另一隻則由地上來。前者相似豹子，腳像是熊腳，口像獅子口，十隻角上有十個冠冕，七個頭上有瀆聖的名號（啟十三）。牠有龍——即惡魔——的能力，並有龍的寶座，普世人都朝拜牠，褻瀆上帝，迫害基督徒。牠並沒有確切的名字，但牠的名字與數字六百六十六有關。在啟十九：19以後，牠與基督作戰，但被擊潰，並被扔到那用硫磺燃燒的火坑裡去了。

　　來自地上的獸有兩隻相似羔羊的角，說話卻相似龍。牠行大奇蹟，迷惑了地上的居民，要他們對第一隻獸或其獸像俯伏朝拜。凡不朝拜獸像的，就被殺害。此即「假先知」（啟十六：13；十九：20；二十：10），最後，牠同第一隻獸一塊兒被扔到那用硫磺燃燒的火坑裡去了（啟十九：20）。

Q90 你能更確切地指出：在歷史上，誰是假基督？希特勒是假基督嗎？

　　如前所述，指明假基督的作為如何比指出他是「何人」來得容易。在此，所用的語言又是典型啟示性的。一方面，我們可在假基督身上看到對抗基督及其跟隨者的所有邪惡勢力。另一方面，他已被指認為某些歷史人物。有鑑於他的名字即六百六十六（希伯來文及希臘文中之每個字母都有一數值），許多不同的名字都相符於此一惡名昭彰的數字。最有可能的就是羅馬皇帝凱撒‧尼祿，他的名字若以希伯來文來寫，即得數值六百六十六。更正宗的改革者也把多位教宗及教宗職權指為假基督。近來，希特勒與多位共產黨領袖，也被點名入座。甚至海珊也被指為假基督。

　　也許我們說：在他人身上看見假基督、把敵人與意見相異者視為魔鬼的傾向確實是假基督的標記，並無不當之處。記得約翰壹書所載，假基督即那否認聖子在肉身內降世的。我們不僅能在智性上否認道成肉身的真理，也能（且經常）以不認降生在弟兄姊妹身上的耶穌，而對之加以否認。當然，因為某人的政治理念與神學意見與我們不和，便稱之為假基督或「邪惡的勢力」，也能算是否認降生於祂子民之中的基督。

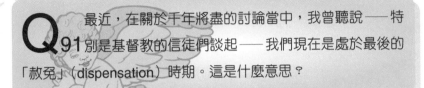

Q91 最近，在關於千年將盡的討論當中，我曾聽說──特別是基督教的信徒們談起──我們現在是處於最後的「赦免」（dispensation）時期。這是什麼意思？

　　此語是由拉丁文dispenso延伸出來的，意即「斟酌」或「如管家般地管理」。在神學的用語裡，它指的是某些人以為在歷史進程中，上帝為管理人對上帝之順服所建立的系統。歷來有許多嘗試用以描繪上帝計畫當中各式各樣的赦免。追溯其源可以都柏林的約翰‧尼爾森‧達比（John Nelson Darby, 1800-82）──普利茅斯兄弟會早期的領袖──為代表。

　　講論赦免最為盛行的系統可於思高版聖經（1902-9；修訂於1917、1966）中查見。此一觀點的看法是，雖然救恩史只有一個，但上帝已將之區分為七個赦免時期或階段，而在每一階段中，上帝都給人特殊的考驗。這七個赦免時期是：(1)從天真無邪（創一：28）到被逐出伊甸園；(2)從明白善惡或道德責任（創三：7）到大洪水；(3)從人的政府──在此，上帝賦予人部分神聖的權力（創八：15）──到亞伯拉罕蒙召；(4)從許諾──考驗以色列對神聖真理的受託職分（創十二：1）──到在西乃山上頒布律法；(5)從頒布律法和予以訓誡（出十九：1）到基督的死亡；(6)從教會──聖神的寬免（徒二：1）──到基督再次來臨；(7)從上帝的千年王國（啟二十：4）至永恆之境。

　　顯然地，最後兩階段對末世論的議題至關緊要。尤其我們目

前是在第六階段，等待基督再次來臨；同時，千年將盡又使講論赦免之說的人懷疑：世界末日與基督的千年王國也鄰近了。

Q92 在講論赦免者心目中的藍圖裡，何以第六階段有特殊的重要性？

一般咸信，在此階段之終結，基督會再次來臨，且屆時會有「極至喜樂」（rapture）。在哥林多前書十五章：51-52中保羅有言，當基督再來復活死者時，尚活著的信徒在頃刻眨眼之間全要「改變」。在帖撒羅尼迦前書四章：17他又再加上，他們要同那些死於基督內的人一起被「提到」雲彩上（極至喜樂），到空中迎接主。傑利・佛威爾（Jerry Falwell）這位基本教義派的佈道家，以如下方式想像極至喜樂的情景：你將會乘在一汽車上；當號角聲響時，你與在該車上其他復活的信友們，將迅速地被帶走——你將消失無蹤，只留下你的衣物……未獲拯救的人或還在車上的人將突然驚異地發現，車雖是開著的，卻沒有司機在駕駛，然後在某處突然間撞個粉碎（引自安東尼・盧卡斯[J. Anthony Lukas]，〈極至喜樂與炸彈〉，《紐約時報書評》，1986年6月8日，頁7）。

有些講論赦免之說的人會做以下的區分，一是主首度而祕密的為著極至的喜樂降臨，另一是主在七年地上審判的時期屆滿後，最後公開地光榮來臨，建立千年王國。在此一為福音派與基本教義派信徒廣為接受的景象當中，有以下幾樣接續發生

的事件：(1)極至喜樂（帖前四：15-18）；(2)七年的苦難（啓六：12-17）；(3)基督二次來臨（太二十四：30）；(4)基督千年王國（啓二十）；(5)現世被摧毀（彼後三：10）；(6)最後審判（太二十五：31-46）；(7)新天新地的來臨與永恆之境（啓二十一～二十二）。

Q93 根據福音所提出的末日景象，有所謂彌賽亞的千年王國。此一信仰的聖經基礎為何？

基督將統治一千年的說法，乃根據啓示錄二十：1-10當中的異象：

> 以後，我看見一位天使從天降下，手持深淵的鑰匙和一條大鎖鏈。他捉住了那龍，那古蛇，就是魔鬼──撒旦，把牠綑起來，共一千年之久；將牠拋到深淵裡，關起來，加上封條，免得牠再迷惑萬民，直到滿了一千年，此後應該釋放牠一個短時辰。
>
> 我有看見一些寶座，有些人在上面坐著，賜給了他們審判的權柄，他們就是那些為給耶穌作證，並為了上帝的話被殺之人的靈魂；還有那些沒有朝拜那獸，也沒有朝拜獸像，並在自己的額上或手上也沒有接受牠印號的人，都活了過來，同基督一起為王一千年。
>
> 及至一千年滿了，撒旦就要從監牢裡被釋放出來。牠

一出來便去迷惑地上四極的萬民……迷惑他們的魔鬼，也被投入那烈火與硫磺的坑中，就是那獸和那假先知所在的地方；他們必要日夜受苦，至於無窮世。

自從這個異象被寫下以後，就被賦予了無數的詮釋。對於基督及其跟隨者將會統治一千年的信仰，叫做千年說（millennialism或millenarianism，源自拉丁文mille，意即「一千」；或chiliasm，源於希臘文chilioi，意同「一千」）。一般而言，對此一模糊的文本有三種詮釋。前兩者：「後千禧年說」（postmillennialism）與「前千禧年說」（premillennialism）是按字面意義去理解文本；第三種，「無關千禧年說」（amillennialism），則是將文本作為象徵來理解。

Q94　後千禧年說的主張為何，又誰支持此說？

對某些基督徒來說，千禧年即按字面意義代表一千年的和平，一旦大多數的人們接受耶穌基督為他們的救主，這個時期就會來臨。當教會向普世宣講福音，人們都皈依基督信仰，撒旦就被「束縛」，而牠的力量也就逐漸式微了。在這個地上的上帝的國屆滿一千年時，撒旦將會發動叛亂以毀滅教會的成果。此一叛亂即所謂的大災難。它將以基督二次來臨作終，屆時，基督要復活死者，審判世界，並引進新天新地。

因為在此詮釋中，基督的二次來臨是在千禧年之後發生，

故稱為「後」千禧年說。此說在美國從十八世紀中期至十九世紀初期，獲得了廣大的迴響。著名的倡導者之一即強納森‧艾德華（Jonathan Edwards, 1703-58），他藉由奮興式的教導，試圖喚醒人們注意即將到來的二次來臨。信服後千禧年說的基督徒，感到被召喚去積極地工作，藉著傳教事業的展開與社會改革，促使千禧年來臨。在二十世紀初期隨著華特‧羅森布希（Walter Rauschenbusch, 1861-1918）的提倡而繁盛之「社會的福音」，部分即拜後千禧年說之賜。不消說，兩次世界大戰，以及許多社會與經濟的危機，都使後千年說對於憑藉教會之力促使千禧年來臨的樂觀主義，遭受極大的破壞。

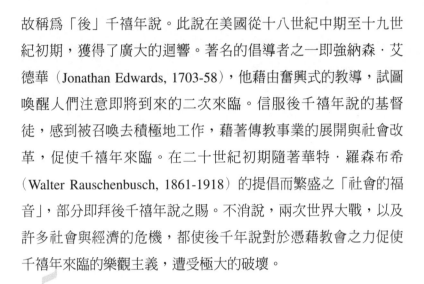

Q95　前千禧年說有何主張？

如同前一個理論，前千禧年說也按字面意義將千禧年理解成基督所統治的一千年的時期。然而，有別於後千禧年說，前千禧年說主張基督的二次來臨會發生在千禧年「之前」（此即何以其名為「前」千禧年說）。的確，基督再度來臨的目的即在於將千禧年建立為真實的地上王國。在前千禧年說的詮釋中，末日的景象會是如下：首先，基督將會在光榮中降來。其次，祂會接走基督徒（極至喜樂及第一次復活）：「於第一次復活有分的人是有福的，是聖潔的。第二次的死亡對這些人無能為力；他們將作上帝和基督的祭司，並同祂一起作王一千年」（啟

二十：6）。第三，祂將會打敗假基督及其同黨，捆縛撒旦，並
建立持續一千年之久的地上王國。第四，在千禧年結束時，撒
旦被許可發起最後一次叛變，然後就被丟入火潭中。第五，基
督將復活其他的死者施行審判，緊接著就是新天新地的形成。
一般而言，前千禧年說在保守的福音派與基本教義派信徒中廣
爲流傳。

Q96 無關千禧年說有何主張？

　　與前千禧年說和後千禧年說相反，此說的詮釋並未將千禧
年按字面意義來理解。在此觀點下，在二次來臨之前或之後，
都沒有基督及其信徒所統治的地上千禧年王國。此即何以該說
被稱作無關千禧年說。無關千禧年說並不把啓示錄看作是對末
日事件的歷史性描述，而以象徵的方式，將之詮釋爲上帝的兒
女及黑暗勢力之間靈性戰役的描述。

　　支持無關千禧年說之中最具影響力者，即奧古斯丁（354-
430）。根據他的看法，「第一次復活」指的是領洗時從死於罪
惡至活於信仰其間的轉化。撒旦被「捆縛」則指當全人類爲基
督所救贖時撒旦的失敗。基督的王國就是在世上的教會。在某
種意義下，基督徒已經分享了基督光榮的統治，因爲藉著戰勝
罪惡與死亡的聖洗，其已體現在基督徒身上。基督的王國有一
千年的象徵性時期，一千被視爲圓滿的數字。在末日，基督將

會再度降來，且有死者的復活（「第二次復活」）、公審判，以及永恆的生命。

　　無關千禧年說是大部分基督徒的看法，如，羅馬天主教、路德教派、長老教派，與南方浸信會。依我所見，這是最有道理的詮釋，只要隱含其中的靈性化傾向不致讓人忽略爲準備上帝國來臨所應承擔之社會、政治、文化與經濟的責任。

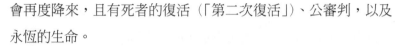

Q97 會有最後審判嗎？既然我們已在死亡時接受審判了，爲何還要有另一次審判？最後審判不會太多餘了嗎？

　　信經宣稱：基督還要降來「審判生者死者」。此一最後審判當然不會跟「個別審判」有所重複：我們不會如我們所想的那樣再度被置於危險當中。上帝要審判諸邦國與以色列的信念，乃深植於先知的教訓當中：耶和華以牧者之姿示現，在祂的羊群間區分好羊與壞羊（結三十四：17-22）；或以收割果實的人（賽二十七：22；耶十五：7），與踏酒醡者（賽六十三：1-6）的身分出現；耶和華也自居爲熔爐的所有人，以鎔化和煉淨以色列民（結二十二：18-22）。然而，耶和華的日子帶來不僅是懲罰，也是救贖：上帝會再次眷顧祂的人民與列邦列國。

　　就神聖的審判的兩個方面而言，救贖乃自流放的時期——特別是以西結與第二以賽亞——開始，便被強調。在啓示文學中，上帝的審判假定是在優越的場所進行，並對於審判行動、場所、人物、程序與折磨人的方式之各樣分類，有多彩多姿而

栩栩如生的描述。然而，其目的並非爲要撩起恐懼，而是要激
發那些爲了耶和華之故而遭受迫害的人的信心。

在新約當中，耶穌在他傳教生涯的每一階段，都被描繪成
在宣告審判即將來臨，比方說，登山寶訓（太五：22，26，
29；七：1，21，24-27）、同門徒的談話（太十：28，33）、末
世性的言論（可十三及與之平行的章節）、對法利賽人的言辭
（太二十三：13-25），以及某些較重要的比喻當中（如，路十
六：1-8，19-31；太二十二：11以後；二十四：37以後；二十
五）。耶穌自己被稱作是最後審判中的審判者，而使舊約當中的
「耶和華的日子」成了「主的日子」（林前一：8；帖前五：2；
來十：25）。

最後審判因而是爲顯示耶穌的主權與能力。那時，我們每
一個人都會瞭解上帝對世界的計畫，並認出耶穌和我們自己在
其中所扮演的角色。誠如天主教教理所言：「當基督榮耀地再
來時，就有最後的審判。……透過祂的聖子耶穌，祂將對歷史
作出決定性的發言。我們將知悉整個創世工程和救恩計畫的終
極意義，同時將明白上帝的眷顧，怎樣透過奇妙的途徑，引導
萬有邁向最後的目標」（第1040號）。

Q98 最後審判的準則爲何？

判決結果乃取決於人對耶穌的態度，這態度則表現在接受

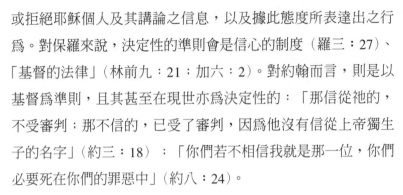

或拒絕耶穌個人及其講論之信息，以及據此態度所表達出之行為。對保羅來說，決定性的準則會是信心的制度（羅三：27）、「基督的法律」（林前九：21；加六：2）。對約翰而言，則是以基督為準則，且其甚至在現世亦為決定性的：「那信從祂的，不受審判；那不信的，已受了審判，因為他沒有信從上帝獨生子的名字」（約三：18）；「你們若不相信我就是那一位，你們必要死在你們的罪惡中」（約八：24）。

　　然而，對耶穌的信仰並不只是一種理智上的贊同。它必須具體表現在行為上：「你們不要驚奇這事，因為時候要到，那時，凡在墳墓裡的，都要聽見祂的聲音，而出來：行過善的，復活進入生命；作過惡的，復活而受審判」（約五：28-29）。

　　把信仰具體表現在愛上之必要性，被生動地刻劃在耶穌對最後審判的講論中：「當人子在自己的光榮中與眾天使一同降來時，那時，祂要坐在光榮的寶座上，一切的民族，都要聚在祂面前；祂要把他們彼此分開，如同牧人分開綿羊和山羊一樣：把綿羊放在自己的右邊，山羊在左邊。那時，君王要對那些在祂右邊的說：我父所祝福的，你們來罷！承受自創世以來，給你們預備了的國度罷！因為我餓了，你們給了我吃的；我渴了，你們給了我喝的；我作客，你們收留了我；我赤身露體，你們給了我穿的；我患病，你們看顧了我；我在監裡，你們來探望了我」（太二十五：31-37）。在此，耶穌將自己等同於祂的「最小兄弟」，凡對他們所做的，就是對耶穌做的，凡沒有對他們所做的，便是沒有給耶穌做。這樣，最後審判的終極準則，就是對耶穌的愛，而表現在對祂所有弟兄姊妹的愛之上，

即便人並未明顯地意識到自己的所作所為是為了對耶穌的愛。

如此一來，很清楚的是，當我們站在神聖審判的寶座之前時，我們將會回顧此生，並對自己如何運用此生在我們的弟兄姊妹身上服務與熱愛耶穌，給出說明。對來生的信仰，既不是對現世責任的逃避（如馬克思所主張），也不是我們情緒創傷之慰藉（如佛洛依德所提出）。相反地，它是一份激勵，敦促我們以最嚴正的態度承擔起現世的責任。

Q99 在世界末日時，在全地會有大火發生嗎？

唯一提及世界末日時在全地會有大火的聖經章節，即彼得後書三：10-12：「可是，主的日子必要如盜賊一樣來到；在那一日，天必有大聲響廢去，所有的形質都要因烈火而融化，地及其上的物，也都要被燒盡……天要為火所焚毀，所有的形質也要因烈火而溶化。」

雖然這是唯一一段提及末日大火的聖經章節，但此概念在啟示性作品與希臘羅馬的思想當中，卻相當普遍。火代表審判、煉淨與毀滅。因此，彼得後書所肯定的，就是在最後審判時所有人與事皆將順從神聖的審判；所有的邪惡與不完美，包括在物質宇宙裡所發現的一切，都要被毀滅，好使「正義常住在其中的新天新地」（彼後三：13）得以出現。

無論我們對末日大火的章節採取怎樣的詮釋，但若以基督

來臨之前必須要有某種核爆、世界大戰（世界末日）或宇宙毀滅，乃是非常不負責任的想法。

同樣不負責任的想法是：因為宇宙在末日會被毀滅，所以我們對生態便無任何責任。如此之責任包括：為我們自己和下一代保持空氣清新、水資源不被污染、環境足以令人居住；明智地運用地球資源；尊重所有非人類實在的內在價值。如此一來，末世性的信仰，不但不會減低我們對生態的責任，反而會強化之，因為，我們所居住的宇宙並不是我們前往天堂途中的路邊旅館，而是我們永久的家。新天新地不是別處，而是這個我們所居住但為神聖力量所轉化的宇宙。

Q100 我們應如何理解「新天新地」？

約翰啟示錄的神視者為我們呈示了末日將發生之事的壯觀景象：「隨後，我看見了一個新天新地，因為先前的天與地已不見了，海也沒有了。我看見聖城新耶路撒冷，由上帝那裡從天而降，就如一位裝飾好迎接自己丈夫的新娘。我聽見有一巨大聲音由寶座那裡出來說：『看哪！這就是上帝與人同在的帳幕，祂要同他們住在一起；他們要作祂的人民，祂親自要「與他們同在」，作他們的上帝；祂要拭去他們眼上的一切淚痕；以後再也沒有死亡，再也沒有悲傷，沒有哀號，沒有苦楚，因為先前的都已過去了』」（啟二十一：1-4）。

　　蒐遍文學典籍，就表達人類心靈對幸福與圓滿之深切渴望的文字來說，或許再找不著比這四節更動人的描寫了。不僅邪惡（「海」）與痛苦（「眼淚」、「死亡」、「悲傷」、「哀號」、「苦楚」）永遠消失，在人類和上帝之間還有親密的共融（「祂要同他們住在一起」），全物質宇宙也將被包括在此神人共融之中（「新天新地」）。

　　如果把神視者的宣告視爲現代宇宙學及天文物理學的篇章，我們將無法中肯地看待他詩意的表達。我們那爲測量工具及實徵驗證所負累的科學心智，需要讓想像之翼將之飛揚起來，使我們得以充滿希望之心，沈思默想上帝能夠且願意爲我們所作之事（「由上帝那裡從天而降」），而不再憂慮我們如此微不足道的受造物能爲自己做些什麼。到那時，我們將會瞭解，唯有啓示性的想像才足以使我們瞥見上帝爲人類和宇宙所預備的終極幸福，而非描述性的語言。

Q101

Q101 在新天新地當中，我們在地上所成就的一切會發生何種改變？新天新地與我們對生命的希望有怎樣的關聯？

　　在回答此問題之第一部分及其他類似問題時，我們必須恰當地因自己的理智表示謙卑，並承認自己的無知。誠如梵二所表述的：「對大地及人類終窮的時刻，我們一無所知，亦不知萬物將如何改變。……我們在上帝的靈內，並依循上帝的命

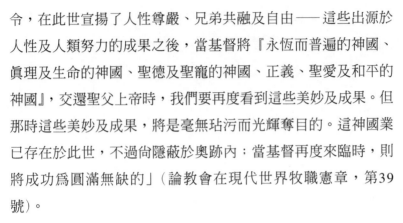

令，在此世宣揚了人性尊嚴、兄弟共融及自由——這些出源於人性及人類努力的成果之後，當基督將『永恆而普遍的神國、真理及生命的神國、聖德及聖寵的神國、正義、聖愛及和平的神國』，交還聖父上帝時，我們要再度看到這些美妙及成果。但那時這些美妙及成果，將是毫無玷污而光輝奪目的。這神國業已存在於此世，不過尚隱蔽於奧跡內；當基督再度來臨時，則將成功為圓滿無缺的」（論教會在現代世界牧職憲章，第39號）。

因此，教會所希望的是，人類已創造的一切，凡是真實、善良，與美好的，都不會失落；它們被煉淨了其中的不完美，而將在永恆的王國中找著適切的位置。至於這些事物可能為何，就是我們想像的極限了。但至少有一位神學家啟動了自己的想像力，說那兒會有「科學廳、藝術廳、文學廳、數學廳——所有人類的成就皆記載於此……音樂廳……心理學廳……超心理學廳……物理學廳……宇宙學廳……哲學廳……旅行廳、太空旅行廳、星際旅行廳、銀河際旅行廳……」（福特曼[E. J. Fortman]，《死後的永生》，316）。當然，這張清單還可以繼續列下去。

有人可能會笑話這張清單，認為它不過是孩子在聖誕節早上的願望。當然，如果這張清單被視為對永恆王國的「事實性描述」，那麼，費爾巴哈、馬克思與佛洛依德說天堂不過是人心的投射，也就毫不為過了。但這些視野僅止於地上事物的思想家及其不成熟的想像力所未掌握的是：這張清單並非對來生之事實性描述，而表達的是人類心靈之嚮往。人的心靈原來就被

如此創造了，以至於若不能安歇在上帝內，它就永遠找不著安息。沒有這份嚮往和希望，人的心靈就會枯萎而死去，人類也失去了自身的尊嚴。在想像這些奇妙事物的同時，人的心靈希望的是，上帝會保存我們在此世所完成之一切真、善、美的事物，因為，它們雖然不算什麼，但卻是上帝自身之真、善、美的反映——儘管它們乃黯淡而微不足道的。

至於此問題的第二部分，我們必須記得：末世論是希望的敘說，這希望乃當上帝為墮落的人性許下了救贖，便在人類歷史之初露出曙光；這希望也在上帝與亞伯拉罕的誓約及與希伯來人民的盟約當中成形；這希望亦為先知及啟示論者所滋長；這希望更在拿撒勒的耶穌身上滿全；現今，它被保存在教會的信仰當中，且將來定要在上帝永恆的國度中圓滿實現。

這樣的希望不是疏懶的期待而已。它的火焰為實踐於愛中的信仰長燃不熄。無論那希望是否會為你我而實現，皆非取決於我們所知有多少，甚至無關乎我們對末世論的瞭解為何，更不論我們主張的是前千禧年說、後千禧年說還是無關千禧年說。毋寧說，其取決於上帝對我們無窮無盡的愛，以及我們藉著愛上帝的兒女和祂的大地而回應這份愛的深度。

如此一來，天堂帶我們返回地上，達至世界的中心——在此，我們置身於自由與愛裡，並藉著上帝純粹的恩典，刻劃出自身永恆的命運。

參考文獻

Note: The English translation of the Bible is taken from the New American Bible.

Aldwinckle, Russell. *Death in the Secular City: Life After Death in Contemporary Theology and Philosophy.* Grand Rapids: Eerdmans, 1972.

Barth, Karl. *The Epistle to the Romans.* London: Oxford University Press, 1933.

Becker, Ernest. *The Denial of Death.* New York: The Free Press, 1973.

Boros, Ladislaus. *The Mystery of Death.* New York: Herder and Herder, 1965.

Bregman, Lucy. *Death in the Midst of Life: Perspectives on Death from Christianity and Depth Psychology.* Grand Rapids: Baker Book House, 1992.

Catechism of the Catholic Church. New York: Paulist Press, 1994.

The Christian Faith. Edited by J. Neuner and J. Dupuis. New York: Alba House, 1982.

Collins, John J. *The Apocalyptic Imagination: An Introduction to the Jewish Matrix of Christianity.* New York: Crossroad, 1984.

Cullmann, Oscar. *Immortality of the Soul or the Resurrection of the Dead?* London: Epworth Press, 1958.

Doss, Richard. *The Last Enemy: A Christian Understanding of Death.* New York: Harper and Row, 1974.

Fortman, Edmund J. *Everlasting Life After Death.* New York: Alba House, 1976.

Habermas, Gary R., and J. P. Moreland. *Immortality: The Other Side of Death.* Nashville: Thomas Nelson Publishers, 1992.

Hayes, Zachary. *Visions of a Future: A Study of Christian Eschatology.* Collegeville: The Liturgical Press, 1989.

Hellwig, Monika. *What Are They Saying About Death and Christian Hope?* New York: Paulist Press, 1978.

International Theological Commission. "Some Current Theological Questions in Eschatology." *Irish Theological Quarterly* 58, no. 3 (1992): 209–43.

Kelly, Tony. *Touching on the Infinite: Explorations in Christian Hope.* Victoria, Australia: Collins Dove, 1991.

König, Adrio. *The Eclipse of Christ in Eschatology: Toward a Christ-Centered Approach.* Grand Rapids: Eerdmans, 1989.

Kreeft, Peter. *Everything You Ever Wanted to Know About Heaven... But Never Dreamed of Asking.* San Francisco: Ignatius Press, 1990.

Kübler-Ross, Elisabeth. *On Death and Dying.* New York: Macmillan, 1969.

Küng, Hans. *Eternal Life? Life After Death as a Medical, Philosophical, and Theological Problem.* Garden City, N.Y.: Doubleday, 1984.

Lane, Dermot. *Keeping Hope Alive.* New York: Paulist Press, 1996.

Le Goff, Jacques. *The Birth of Purgatory.* Chicago: The University of Chicago Press, 1984.

MacGregor, Geddes. *Reincarnation in Christianity.* Wheaton, Ill.: Theosophical Publishing House, 1978.

McDannell, Colleen, and Bernhard Lang. *Heaven: A History*. New York: Vintage Books, 1988.

Moody, Raymond A., Jr. *Life After Life*. Atlanta: Mockingbird Books, 1975.

Phan, Peter. "Contemporary Context and Issues in Eschatology." *Theological Studies* 55 (1994): 507–36.

———. *Culture and Eschatology: The Iconographical Vision of Paul Evdokimou*. New York: Peter Lang, 1987.

———. "Eschatology and Ecology: The Environment in the End-Time." *Dialogue & Alliance* 9, no. 2 (1995): 99–115.

———. *Eternity in Time: A Study of Karl Rahner's Eschatology*. Selinsgrove: Susquehanna University Press, 1988.

———. "Woman and the Last Things: A Feminist Eschatology." In *In the Embrace of God: Feminist Approaches to Theological Anthropology*, edited by Ann O'Hare Graff. Maryknoll, N.Y.: Orbis, 1995.

Rahner, Karl. "The Hermeneutics of Eschatological Assertions." In *Theological Investigations*. Vol. 4. Baltimore: Helicon, 1966.

———. "The Intermediate State." In *Theological Investigations*. Vol. 17. New York: Crossroad, 1981.

———. *On the Theology of Death*. New York: Herder and Herder, 1961.

———. *Our Christian Faith: Answers for the Future*. New York: Crossroad, 1981.

———. "Remarks on the Theology of Indulgences." In *Theological Investigations*. Vol. 2. Baltimore: Helicon, 1955.

Ratzinger, Joseph. *Eschatology: Death and Eternal Life*. Washington, D.C.: The Catholic University of America Press, 1988.

The Rites of the Catholic Church. New York: Pueblo Publishing Co., 1976.

Robinson, John A. T. *Jesus and His Coming*. Philadelphia: The Westminster Press, 1979.

Rose, Fr. Seraphim. *The Soul After Death*. Platina, Calif.: Saint Herman of Alaska Brotherhood, 1980.

Sachs, John R. "Apocatastasis in Patristic Theology." *Theological Studies* 54 (1993): 617–40.

———. "Current Eschatology: Universal Salvation and the Problem of Hell." *Theological Studies* 52 (1991): 227–54.

Sacred Congregation for the Doctrine of the Faith. "The Reality of Life After Death." In *Vatican Council II: More Post Conciliar Documents*, edited by Austin Flannery. Collegeville: The Liturgical Press, 1982.

Schneiders, Sandra M. *The Revelatory Text: Interpreting the New Testament as Sacred Scripture*. San Francisco: Harper San Francisco, 1991.

Thomas Aquinas, *Summa Theologiae*. New York: Benzinger Brothers, 1948.

Vatican Council II: The Conciliar and Post Conciliar Documents. Edited by Austin Flannery. Northport, N.Y.: Costello, 1975.

Von Balthasar, Hans Urs. *Dare We Hope "That All Men Be Saved"?* San Francisco: Ignatius Press, 1988.

———. *Theodramatik*. Vol. 4, Das Endspiel. Einsiedeln: Johannes Verlag, 1983.

———. *Fragen der Theologie Heute*. Einsiedeln: Benzinger Brothers, 1958.

Wainwright, Geoffrey. *Eucharist and Eschatology*. New York: Oxford University Press, 1981.

Zaleski, Carol. *Otherworld Journeys: Accounts of Near-Death Experiences in Medieval and Modern Times*. New York: Oxford University Press, 1987.

死亡與永生101問答集　　　生命‧死亡教育叢書02

著　　者／Peter C. Phan

譯　　者／崔國瑜

出 版 者／揚智文化事業股份有限公司

發 行 人／葉忠賢

執行編輯／晏華璞

美術編輯／黃威翔

登 記 證／局版北市業字第1117號

地　　址／台北市新生南路三段88號5樓之6

電　　話／(02)2366-0309　2366-0313

傳　　眞／(02)2366-0310

E - m a i l ／tn605541@ms6.tisnet.net.tw

網　　址／http://www.ycrc.com.tw

郵撥帳號／14534976

戶　　名／揚智文化事業股份有限公司

印　　刷／鼎易印刷事業股份有限公司

法律顧問／北辰著作權事務所　蕭雄淋律師

初版一刷／2002年2月

定　　價／新台幣250元

ＩＳＢＮ／957-818-360-7

原著書名／Responses to 101 Questions on Death and Eternal Life

Copyright (c) 1997 by Peter C. Phan

Chinese Copyright (c) 2002 by Yang-Chih Book Co., Ltd.

All Rights Reserved

國家圖書館出版品預行編目資料

死亡與永生101問答集 / Peter C. Phan著；崔國瑜譯
-- 初版. -- 台北市：揚智文化, 2002[民91]
面； 公分. --（生命‧死亡教育叢書；2）
譯自：Responses to 101 questions on death and
eternal life
ISBN 957-818-360-7（平裝）

1. 來生論

242.7   90020233